1913—1916

CENTRAL ASIA ANCIENT ROAD AND
ANCIENT SITE

主编：巫新华

西域游历丛书
15

中亚古道
与古遗址

SIR AUREL STEIN

A.斯坦因、阿弗拉兹·古尔 测绘

[英] 奥雷尔·斯坦因 著

巫新华 秦立彦 译

GUANGXI NORMAL UNIVERSITY PRESS
广西师范大学出版社
·桂林·

中亚古道与古遗址
ZHONGYA GUDAO YU GUYIZHI

图书在版编目（CIP）数据

中亚古道与古遗址 /（英）奥雷尔·斯坦因著；
巫新华，秦立彦译. —桂林：广西师范大学出版社，
2020.6
（西域游历丛书）
ISBN 978-7-5495-3712-9

Ⅰ. ①中… Ⅱ. ①奥…②巫…③秦… Ⅲ. ①古道－
考察－中亚②文化遗址－考察－中亚 Ⅳ. ①K878.04

中国版本图书馆 CIP 数据核字（2020）第 076324 号

广西师范大学出版社出版发行

（广西桂林市五里店路 9 号　邮政编码：541004）
（网址：http://www.bbtpress.com）
出版人：黄轩庄
全国新华书店经销
广西广大印务有限责任公司印刷
（桂林市临桂区秧塘工业园西城大道北侧广西师范大学出版社
集团有限公司创意产业园内　邮政编码：541199）
开本：787 mm×1 092 mm　1/32
印张：9　字数：190 千
2020 年 6 月第 1 版　2020 年 6 月第 1 次印刷
印数：0 001~8 000 册　定价：52.00 元

如发现印装质量问题，影响阅读，请与出版社发行部门联系调换。

出版说明

1900—1901年、1906—1908年、1913—1916年，英籍匈牙利人奥雷尔·斯坦因先后到我国新疆及河西地区进行探险考古，并先后出版了这三次探险考古报告：《古代和田——中国新疆考古发掘的详细报告》《西域考古图记》《亚洲腹地考古图记》。这三部著作是斯坦因的代表作，较全面地记述了我国新疆汉唐时期的遗迹和遗物，以及敦煌石窟宝藏与千佛洞佛教艺术，揭开了该地区古代文明面貌和中西文明交流融合的神秘面纱。此外，斯坦因还详细描述了深居亚洲腹地的中国新疆和河西地区的自然环境，以及山川、大漠、戈壁、雅丹、盐壳等地貌的种种奇妙景观。斯坦因的著作为人们打开了此前"未知世界"的大门，当时在国际上引起了巨大轰动，西方列强的学者们对此垂涎欲滴，纷至沓来，形形色色的探险家也紧随其后，蜂拥而至。

斯坦因的这三次探险考古活动，足迹遍布塔里木盆地、吐鲁番盆地和天山以北东部地区，几乎盗掘了我国汉唐时期所有重要的古遗址和遗迹，对遗址和遗迹造成了严重破坏，所出文物也几乎被席卷一空，并运往英属印度和英国本土。此外，斯坦因在河西敦煌以及内蒙古额济纳旗黑城等地也进行了大肆的盗掘和劫掠，其中尤以对敦煌石窟宝藏的劫掠最为臭名昭著。可以说，在20世纪30年代之前，斯坦因是我国西部地区古遗址最大的盗掘者和破坏者，是劫掠中国古代文物的第一大盗。斯坦因的上述著作是西方列强侵犯我国主权的铁证，同时也为那段令国人屈辱的历史留下了真实的记录。因此，我们在阅读斯坦因上述著作时，一定要牢记惨痛历史，勿忘国耻。

斯坦因上述三次考古报告都是综合性的学术性专著。为了方便一般读者更多地了解斯坦因在我国塔里木盆地、吐鲁番盆地和天山以北东部以及河西敦煌等地区的发掘工作和搜集文物的情况，我们对上述三次考古报告原著做了一些技术性处理：根据原著各章内容的关联性进行分册，删除一些专业性特别强的内容，将插图进行适当调整并重新编序等。

本册出自《亚洲腹地考古图记》：1915年9月，斯坦因再次来到喷赤河，考察瓦罕古遗址，经过舒格楠谷地、波斯—阿富汗边境，进入赫尔曼德盆地，重点发掘了科赫伊瓦贾遗址和扎黑丹遗址。1916年2月，斯坦因从锡斯坦取道印度回到伦敦，结束了第三次中亚探险考古工作。

目　录

第一章

在阿姆河上游地区

第一节　瓦罕的古代遗址

1915年8月30日，我又一次来到了阿姆河的主要支流喷赤河上，这令我十分高兴。1906年，我只考察了喷赤河的最上游河道，即从萨尔哈德到瓦赫吉尔的冰川源头部分。当时沿河两侧到瓦罕去的道路都不能通行。尽管瓦罕位置偏远，气候条件不是很优越，人口和资源都很有限，但它却有特殊的历史意义和地理意义。经过瓦罕的路线，可以说是从古代的巴克特里亚到塔里木盆地那一串绿洲的最直接的路线。中国史书和中国古代旅行家以及马可·波罗为我们留下了不少关于瓦罕的早期记载。1838年，自从约翰·伍德上尉来过之后，就有很多具备专业知识的欧洲人到这里探访过，并写下了记述性文字。就这条谷地的整体特点、居民及其生活状况而言，伍德上尉的记述仍是适用的。因此，在这里只说一下我在喷赤河北岸徒步考察的古代遗址，并简述我在当地观察到的与历史和种族有直接关系的现象。

我们在兰干基什特休整了一天。这一天大家过得非常愉快，因为过了这么长时间后，我们又看到了树木，成熟的庄稼，碧绿的草地。我利用这一天时间来收集人类学测量数据。我在瓦罕的其他地区也继续了这项工作。在测量过程中，我发现人口中阿尔卑斯人种的特征很明显，这再一次给我留下了深刻印象。我在第二次旅行中考察瓦罕人时就注意到了这一特点。根据这些数据，乔伊斯先生认为瓦罕人和伊朗加尔查人（即山区塔吉克人）有最近的亲缘关系。9月1日，我们出发后走了1.5英里，在希萨尔小村附近来到了阿姆河两条支流汇合的地方。一条支流源自大帕米尔，另一条支流源自萨尔哈德来（图1）。村子东边附近矗立着一座孤立的石岭，石岭比农田高约90英尺。石岭顶上是一座废堡垒结实的围墙（图2），小村即因此而得名。

从地形来看，可以从西南方向登到堡垒去，其他几个方向的悬崖都特别陡，有的地方甚至无法攀援。正是这个原因，山顶的西北面没有筑墙。山顶有墙保护的地方长约140码，最宽处宽75码。在一点上，上山的道路穿过了一块大石头，石头中间有一条豁口。我注意到，在这道天然的大门上方，残留着拱顶的遗迹。围墙特别坚固，有些地方还用长方形棱堡加固。围墙里面除有几间依墙而建的小屋子外，还有一些孤立的建筑，它们都已经严重

图1 在藏吉巴尔看到的喷赤河,左岸是达拉依喷赤冲积扇

图2 从东北方向看到的希萨尔堡垒遗址

坍毁了。这类建筑大多数是长方形，分成许多间小屋子，但东北角的几个建筑呈不规则的椭圆形，从图3中可以看到这些建筑粗糙的墙。以前人们为安全起见必须住在堡垒中时，这些建筑是人们居住的场所。建筑上有反复修过的痕迹，说明堡垒并不是连续

图3 从喷赤河河谷上游希萨尔看到的景象

沿用的。当地人认为，希萨尔堡垒以及我们在以后遇到的其他防御工事，是瓦罕的卡菲尔人建的，也就是建于伊斯兰时期以前的年代。

围墙上粗糙的石块嵌在灰泥中，灰泥特别坚硬。这表明围墙非常古老。但要不是瓦罕干旱的气候可以和萨里库勒相比，乍一看很难相信这是个古老的遗址。我们还应该注意的是，这里的围墙以及瓦罕其他古代要塞的围墙看起来虽然很粗糙，却比现在居民住的房子（更确切地说应该是棚户）结实很多。这里以及其他遗址，都使我想起在斯瓦特以及附近的犍陀罗地区的山坡上见到的分散的民居遗址。那些遗址属于佛教时期，大多数建筑都很粗糙。但印度西北部边界的气候条件，远比瓦罕更不利于遗址的保存。不幸的是，我们在瓦罕的所有遗址中都没有找到钱币或其他可以提供年代线索的遗物。我们在希萨尔只捡到了少量的陶器碎片，而且都没有装饰。但某些无花纹的陶器碎片表面是精美的棕色，陶土淘洗得很干净，是当地现代制陶工艺无法企及的。当地人认为，这些遗址都是卡菲尔人建的。至于他们说的卡菲尔人究竟是什么人，我以后会说到。

希萨尔西边约1英里的地方就是藏村。那里海拔约9 700英尺，有40多户人家，是俄属瓦罕地区最大的村落。那里的梯田和被树木掩映着的民居顺着一条宽阔的幽谷延伸开去，幽谷中有充足的泉水。藏村西边矗立着一座陡山，比村子高约1 000英尺，最南端的山顶上是一处小要塞遗址。小要塞呈不规则的长方形，人们称

图4 瓦罕的藏吉巴尔堡垒残墙

之为藏吉巴尔(图4)。从图5中可以看出,小要塞里面布满了民居,民居和要塞的围墙一样,都是用天然石块砌成。墙上在6~7英尺以下用石块一层层均匀堆砌,嵌在灰泥中。从这个高度往上,石块砌得粗糙得多,说明上面大概是后来修的。要塞北面伸出来一座正方形小棱堡,棱堡上有观察孔。棱堡原来是一座孤立的瞭望

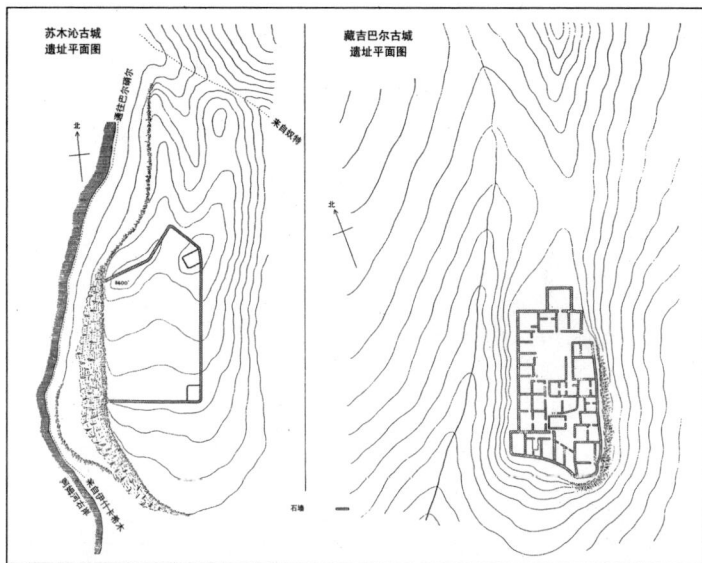

图5　苏木沁城与藏吉巴尔城平面图

塔，后来才添筑了要塞的其余部分。村民说要塞是卡菲尔人修的。但他们承认，在他们父辈的时候，如果吉尔吉斯人来进犯，村民有时会躲到要塞中去。要塞中没有陶器碎片，说明大概偶尔才有人在这里短期居住。

在目前条件下，能灌溉的耕地很少。再加上谷地属于阿富汗

图6 从喷赤河右岸看到的喀拉依喷赤

图7 从伊什玛尔格上方越过喷赤河看到的兴都库什山脉

的那一侧的人们经常受到压迫，因此在兴都库什山南边的地区现在有很多从瓦罕迁出来的移民。大多数（或几乎所有的）瓦罕人都属于伊斯兰教的伊斯玛仪教派（是伊斯兰教什叶派的一个派别——译者），也叫毛拉依教派。这个教派在从罕萨到奇特拉尔的兴都库什谷地中传播得很广，崇拜的精神领袖是孟买的阿加汗圣座。因此，尽管人们说所有比较好走的山口下都有阿富汗哨卡在进行监视，但这里仍穿过雪峰和南边保持着密切联系。在藏村过夜的时候，我发现很容易就可以经过奇特拉尔发出一些信件到印度去。两个身体强壮的瓦罕人背着我的信，穿过难走的乌斯特山口。为了不让阿富汗人发现，他们选择在晚上乘坐皮筏渡过阿姆河，并只用一个多星期就到达白沙瓦。

玄奘在说到瓦罕时，曾提到那里覆盖着砾石的扇形地面、石岬、河边沙地（上面分布着农田和草地）交替出现。9月2日，我一路上都是走在这样的地面上。在藏村下游4英里的地方，我们可以完全望见喀拉依喷赤（图6）。那是近代瓦罕的米尔们的驻地，如今阿富汗在瓦罕谷地中的主要哨卡就设在那里。它是阿富汗属瓦罕地区的首府，现在只有15户人家，坐落在一块大碎石冲积扇的边上，看起来十分荒凉。但这里和下游的伊什玛尔格（图7）以及谷地中的其他地点，朝南望视野都极为辽阔。我们可以看到兴都库什山那些冰雪覆盖的壮丽的主峰，矗立在狭窄的侧谷上方，看起来很近，就像玉峰或银山一样。宋云和他的同伴惠生于公元519年沿着"钵和国"往下走时，就这样描述过那些山峰。我们在塞尔金、达莱什和尼奇加尔村路过了一块碧绿的农田，农田之间是石漠或沙漠。之后，我们在瓦朗到达了一处营地（图8），海拔约9 700英尺。

瓦朗西北有一座山，俯瞰着瓦朗河那大谷一般的出山口。据

图8　瓦罕的瓦朗村

说山的高处有一座卡菲尔人建的堡垒，当天我就探访了这座堡垒。这座堡垒也叫藏吉巴尔，用一条粗糙的墙围成。围墙保护的是一条石岭窄窄的南端（图5）。石岭有几面是不可攀缘的悬崖，朝瓦朗河河谷的脚下伸去，在没有悬崖保护的几面悬崖上筑了围墙。围住的地方长约108码，宽只有20码。里面有一些残墙和围墙一样，也是用天然石块垒成，这些残墙隔出了小屋子。在围墙里我们还发现了一座严重朽坏的正方形塔，还有一块窄窄的长方形平台，平台顶上有几座小丘。北边几百码远的地方有一座看起来很新的塔，叫托普哈那。据说它一直沿用到了近代，被用来戍卫一条经过这座山的道路，以防止从舒格楠方向来的劫掠者。

9月3日，我探访了一组小洞窟。它们位于瓦朗村西边0.75英里远的地方，开凿在俯瞰着瓦朗河出山口的砾岩石壁上。它们分成不规则的几组，延伸了约0.5英里远，大多数洞窟只比斜坡顶部稍高一点，上方则是几乎垂直的悬崖。要到洞窟去，可以经过拉法克（即用木头做的小走廊，如今全都断了），或经过在石头上开凿出来的窄过道，过道将洞窟连在了一起。这些洞窟开凿得都很粗糙，我查看的洞窟深度和宽度都不超过15英尺。由于悬崖面临深谷，并受到侵蚀作用，不少洞窟已经部分地坍塌了。从当地人提供的信息和洞窟里的情况看，这些洞窟一直沿用到了离现在很近的年代。底下那层洞窟前面有个用墙围起来的地方，可以做牲畜栖身的场所。瓦朗的头人还记得，在他小的时候，一旦有阿富汗士兵或吉尔吉斯人来袭击，村民就把牲畜和妇女都安置在这里。

没有任何线索能说明这些不起眼的洞窟的年代，我也看不出为什么它们被冠以"洞堡"这样庄重的名称。

当天我就朝下游6英里远的牙木沁走，途中我经历了两件有趣的事。在魏努库特村，我拜访了伊桑·卡里木·阿里沙赫。他是瓦罕地区的伊斯玛仪派教徒的主要"皮尔"，正给那里一个生病的木里德（即信徒）进行信仰疗法。这位老人被人们当作圣徒来崇拜，据说已经有100多岁了，他的身体状况也说明了这一点。但他的思维能力却一点没有受损。而且，令我吃惊的是，他的话表明1838年伍德上尉经过这里到帕米尔去的时候，他曾在家里接待过伍德上尉。他还清楚地记得昆都士的苏丹·穆哈德的残暴统治，伍德上尉在他的经典回忆录中多次提到苏丹·穆哈德。

在走近牙木沁的时候，坐落在喷赤河对岸一块肥沃的冲积扇上的汉都德尽收眼底。汉都德有五六十户人家，据说是瓦罕最大的村庄。以前它可能还要大，因为在现在的水渠上方，可以看到两条废弃的水渠，那些水渠能灌溉很多别的田地。可以肯定的是，汉都德就是玄奘说的"昏驮多"，即瓦罕的都城。玄奘说城中间有座僧院，是昏驮多的第一任国王建的。玄奘还看到了某寺院中一座石佛像顶上悬挂的镀金铜华盖。所以，当我听说汉都德有座圣陵的时候，十分感兴趣。据说这座圣陵是一个叫沙伊克伯克的圣徒安息的地方，如今那里是座古老的清真寺。清真寺掩映在冲积扇西边附近的一片树丛中，从对面无法看见。但清真寺附近醒目的圆顶坟墓却说明，那是一个比较重要的地方。由于当地拜神传统的连续性，我们是可以想到会有清真寺取代原来佛寺的位置的。[1]

我们在牙木沁这个美丽的小村停留了一天。我利用这一天时间考察了附近一座山上的大城堡，城堡名叫扎木尔·伊·阿提什·巴拉斯特。伍德上尉已经注意到了这座城堡，奥卢夫森上尉在书中对它作了简单描述。这个遗址从大小和建筑式样上看都很特别，我们值得在此对它进行详述。从图9中可以看出，遗址位于牙木沁河口西北的陡山上，遗址的落差约1 000英尺。维奇库特河的一条奇怪的支流从西边峡谷中流下来，将较低的山嘴的那一端与山的主体切割开来，这使山体呈现出三角形，底边那一面朝着东南方。从村子出发，过了牙木沁河灌木覆盖的河口之后就到了山脚下，那里离村子约1英里远。在光秃秃的石坡上攀登400英尺后，就到了城堡最外层的那条防卫线。通过一道大门（i）就进入了城堡内部。大门共两层，门两侧是圆塔。从那里开始，有一条墙向东北方延伸，终止于陡崖上（ii），陡崖底下就是牙木沁河所在的峡谷。峡谷这一侧沿着城堡都是无法攀援的绝壁，提供了天然的防卫线，所以无须筑墙。

最外面一圈墙还从大门朝西北延伸，一直连到了内层围墙上。

---

1 值得注意的是，我在牙木沁听说在河对岸（左岸）有一个叫伊尼夫的村子，村中一座圣墓有块石碑，碑上留有一个神人的脚印。以前人们很可能把这些脚印当作佛或罗汉的圣迹来崇拜。还有一块石头上刻着一只绵羊，据说也是被这个神人用咒语定住的。

汉都德和伊尼夫都在河的阿富汗那一侧，我和阿弗拉兹·古尔都无法过去。

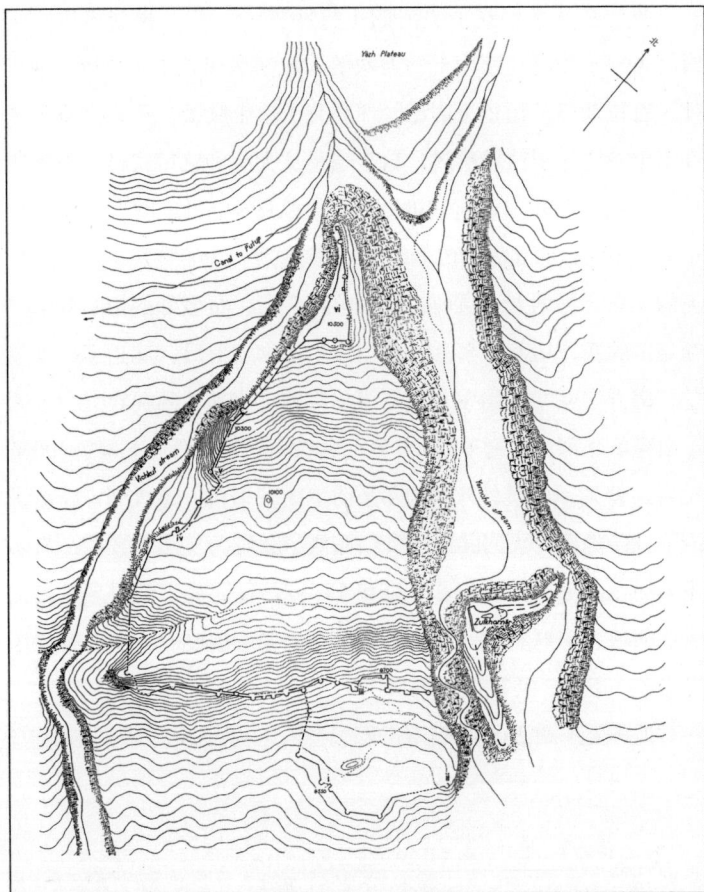

图9　扎木尔·伊·阿提什·巴拉斯特堡垒遗址平面图

在顺着陡坡朝上延伸的地方，墙坍毁得比较严重，但从保存完好的部分仍可以看出墙有6英尺厚。这座城堡的墙体用天然石块垒成，石头层虽不规则，却垒得很精致，再用灰泥加固，非常结实。在围墙上的圆塔中，最东端的那座保存得最好，塔里面的直径有13英尺。与其他圆塔一样，它也是用土坯筑成。它底下是个很坚固的底座。塔墙厚6.5英尺，在比塔里面的地面高约3英尺的地方有一些观察孔。从里面看观察孔有12英寸宽，到外面就变窄成了8英寸，可见观察孔是放箭用的，而不是放火器用的。城堡其他地方也有观察孔，高度从2英尺3英寸到3英尺不等。

第二道围墙开始于牙木沁河所在的峡谷边（隔着峡谷，对面是另一座城堡遗址祖勒克何玛尔，见图10）。从那里开始，围墙穿过山体朝西南延伸了约450码远，一直到俯瞰着维奇库特河深谷的一条陡丘上。这段围墙厚4.5~5英尺，也有观察孔，观察孔间的距离约8英尺。到前面说的那条陡丘之前，围墙经过了一条很陡的石坡。经过石坡的这段墙仍高达15~16英尺，有两排观察孔。这条防卫线上有17座塔（图11），大多呈圆形，塔里面的平均直径约13英尺。塔的保存状况各不相同，但看起来圆塔的半个圆周突出在墙外，而塔朝墙里的那一侧也有观察孔。这道墙里面原来还有一道和它平行的内墙，内墙与外墙距离约6英尺。但内墙厚只有1.5~2英尺，在很长的地段都已完全消失了。在围墙的西段，内墙保存得最好（图12）。值得注意的是，内墙上没有观察孔。有些地方还有横向的墙，把两道墙之间的过道分隔开来，表明围墙

图10　扎木尔·伊·阿提什·巴拉斯特的祖勒克何尔要塞

图11　扎木尔·伊·阿提什·巴拉斯特南侧第二道墙上的塔

上的各段可以各自为战。各段之间原来大概是通过外墙上的胸墙来保持联络的。这道墙上的大门就是平面图（图9）中标作 iii 的那一点，那里的墙朝里收了一下，边上有座方形棱堡加以保护。棱堡里可以分辨出小屋子，无疑是放哨人住的。从外面有一条带围墙的斜坡通到大门那里。

这里的墙毁坏得比较厉害。从那里开始，墙延伸到陡丘顶上的一座塔，然后折向北—北西方向，朝上穿过一处山体西侧的一个小凹陷处。现在人们可以从一条小道到这个凹陷处去。小道是从维奇库特峡谷对面的农田来的，在不太难走的地方穿过了石壁。接着，墙折向北边。当墙接近维奇库特峡谷上方一段人们有可能接近的峭壁时，出现了一座保存得很好的塔（iv）。塔里面的直径有15英尺，用土坯筑成（图12）。塔底下是一个特别坚固的防御工事（图13），建在维奇库特峡谷上方的陡坡上，一直到了绝壁边上。这个长方形工事的墙和塔的墙一样，用垂直放置的大土坯砌成，上方都装饰了一排三角形小龛。大门 iii 附近的塔以及祖勒克何玛尔城堡最低的那座塔也有类似的装饰。

再往上，墙围住了悬崖朝里的一个小凹陷处（图12），有三座坚固的圆塔戍卫着这里，图14呈现的是其中两座。最高处的那座（v）保存得最好，它有两排观察孔。在离底下一排观察孔5英尺高的地方，有一些孔洞，孔洞中原来插着木横梁，将圆塔隔成几层。这一点比最外面的大门高约600英尺。从这一点开始，墙几乎笔直地攀升了约400英尺高（图14），一直到了三角形堡垒 vi 的南角。

图12 俯瞰扎木
尔·伊·阿提什·巴拉斯
特的西部围墙和圆塔

图13 扎木尔·伊·阿
提什·巴拉斯特西墙外
的工事

图14 扎木尔·伊·阿
提什·巴拉斯特的西围
墙

图15 扎木尔·伊·阿
提什·巴拉斯特堡垒

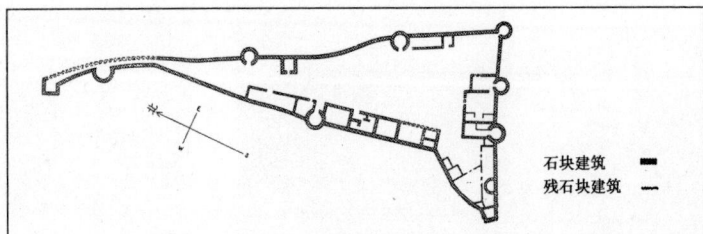

图 16　扎木尔·伊·阿提什·巴拉斯特高地古保遗址平面图

这座堡垒坐落在山的最高处（图15），图16中是它的详细平面图。堡垒朝北延伸了约130码。在它的两条长边相交的地方，朝西北还伸出一座 V 形棱堡状的部分（图17），最末端是一座坚固的方塔。有座高原俯瞰着山，方塔就戍卫着从那座高原能到城堡来的唯一通道。

　　一条峡谷将堡垒所在的窄石岭与那座更高的高原分隔开来（图15），谷底部比前面说的方塔要低约120英尺。城堡所在的山及其上方的亚茨高原之间原来有窄窄的"颈部"相连着，后来维奇库特河的一部分河水流进了牙木沁河谷，冲开了"颈部"的砾岩，形成了这条峡谷。之所以会出现这种奇怪的分岔现象，是因为维奇库特河床穿过高原的地方比牙木沁峡谷高得多。如今，大部分维奇库特河水都奔流进了牙木沁河谷。余下的河水有一部分被引

图17　扎木尔·伊·阿提什·巴拉斯特堡垒北端的塔和V形棱堡

入了一条水渠，水渠的起点差不多就是维奇库特河分岔的那一点，水渠灌溉着普图伯的农田。在分岔现象发生之前，维奇库特河为自己冲出了一条深陷的峡谷，如今那条峡谷中只有很少一点水了。我还要指出的是，亚茨高原高处的梯田由牙木沁河灌溉。牙木沁河的水源是冰川融水，水量比维奇库特河大得多。

上面说的三角形堡垒的围墙用天然石块垒成，石块的位置被仔细地调整过，并嵌在坚硬的灰泥中。这些围墙的质量一点也不逊色于斯瓦特以及印度西北边境其他地方的佛教时期的民居。堡垒的外围墙都有观察孔，墙体厚3.5英尺，顶上的胸墙有1.5英尺宽。最高的墙仍有13英尺高，但一些地方后来用较差的建筑方法修过。围墙的各个面上都有圆塔。墙里面分成很多大小不一的屋子，将屋子分隔开的墙一般有2英尺厚，但同样很坚固。这些屋子主要沿着南墙和西墙而建，这大概是为了更好地躲避瓦罕的大风（一年中大部分时间，都有特别大的风沿着瓦罕谷地刮上来）。我没有找到堡垒的大门在什么位置。由此我得出的结论是，堡垒的入口大概是西北角的那条窄过道，如今过道已被堵塞了（图15）。

前面已经说过，俯瞰着牙木沁河的那一面不需要筑墙来保护，因为只要有人在上面放哨，那里极为陡峭的石壁就能提供足够的防御了。前面说过的那条从维奇库特河的小道穿过城堡后，来到了牙木沁峡谷的上方。我们发现，小道顺着一条窄窄的墙继续朝下延伸，墙看起来特别古老。如果没有这段墙，要想顺着石壁下去是十分危险的，甚至是不可能的。我们顺着小道下到了比峡谷底部高200英尺的地方，一路上没有发现塔或其他防御工事的迹象。大概原来曾有座门塔等工事，但由于陡坡使地基陷落，塔已经完全消失了。

在主围墙的东边对面，有座小石岛矗立在分岔的牙木沁峡谷中间（图9、10）。在东边的那条河谷，牙木沁河水已经流不过去，但河水以前无疑曾冲刷着那里。这座孤立的石高地比峡谷两侧的山低很多，形状很奇特，就像是一条折成直角的胳臂。石高地的顶部最宽的地方不足40码，大部分地方还没有40码宽。那里坐落着一条叫祖勒克何玛尔的小堡垒的围墙。围墙特别厚，但损坏得比较严重，大概是因为坡太陡，所以没有地方建稳固的地基。围墙的建筑式样各方面都和主城堡一样。人们可以从谷地向上到堡垒的东南端去，那一端对着主城堡最底下那道墙上的圆塔 ii。

　　关于以上这座城堡的年代，目前还没有直接的考古学证据或其他证据。但从城堡的大小、坚固程度和总体的防御风格来看，它是伊斯兰时期之前的产物。城堡的名称以及当地人的说法都证实了这一点。"扎木尔·伊·阿提什·巴拉斯特"这个名称很有意思，因为它使人想起了拜火教。尽管这里是古伊朗最东部的地区，但拜火教仍有可能传播到过这里。伍德上尉说，当地人认为，希萨尔、扎木尔·伊·阿提什·巴拉斯特、那玛德古特这三座卡菲尔堡垒是加巴尔人（即拜火教徒）建的。伍德上尉还指出，瓦罕有个习俗是"拜火教信仰的残余"。从他的文字中我们得出这样的结论：当时的当地人和现在一样，也认为这些堡垒是卡菲尔人（即不信神的人）建的，并认为这些人就是伊朗伊斯兰时期之前的古代信仰的教徒。无论如何，这种说法比最近欧洲的旅行指南中连篇累牍说的理论更有历史可信性，那些书中说，卡菲尔人是卡菲里斯坦的西雅赫伯什人。瓦罕人当然知道近代的那些卡菲尔人，他们一直到18世纪都时常袭击瓦罕附近的兴都库什山北边的山谷。如果你向当地人问起建造这些堡垒的卡菲尔人时，他们则更愿意把卡菲尔人说成是近代那些令人畏惧的部落，而不愿意承认自己的祖先也有可能是不信神的人。我们知道，卡菲里斯坦山民的文明原始而野蛮。说他们曾长期统治着瓦罕，并说他们建了这样复杂的堡垒，这样的谬论简直不值一提。

没有经过系统发掘，我们就无法确定扎木尔·伊·阿提什·巴拉斯特以及那玛德古特附近与它很相似的"恰恰城堡"究竟建于什么年代。但尽管没有年代线索和其他明确的证据，我仍可以说一下观察后的整体印象。从堡垒的大小和坚固程度来看，在建堡垒的时候，瓦罕的人口比现在多，资源也比现在丰富。[1]这里临近两条高大的雪山，所以从古至今，可供开垦的田地面积以及可供灌溉的水量都不会发生太大的变化。但牛羊群在瓦罕的经济生活中扮演着重要角色。以前，当强有力的统治阻挡住了从舒格楠和帕米尔方向来的部落劫掠时，牛羊群则可以大大增加当地的资源。而且，当安全有了保障的时候，沿这条道在塔里木盆地和巴达克山之间进行的繁荣的贸易，也是瓦罕一个不可忽略的收入来源。

---

1 我不知道俄国官方有没有瓦罕的人口普查数据。什特克哈尔瓦一个见多识广的叫恰孜·恰达木沙赫的著名人物告诉了我瓦罕五个部分的户数：兰干44，藏村40，瓦朗36，普图伯（包括牙木沁）34，什特克哈尔瓦36。

他对我说，每一户的人数从5到10人不等。假设每户平均有10人，俄属瓦罕（伊什卡什米上游）总共就有近2 000人。

据说，尽管现在的剥削导致人口外迁，阿富汗那一侧的人口包括萨尔哈德在内是更多的。

这里离瓦罕的旧都汉都德不远，汉都德大概是瓦罕自然条件最优越的地方了。由此我想到，牙木沁河上方这座本已险要的山又筑起了堡垒，大概是为了给统治者提供一个安全的栖身之所。只有统治者才能维持这么大的一个防御计划，才能提供足够的人来驻守城堡。

从性质上来看，这座城堡极像科哈特附近的阿德依萨木德（1904年我曾考察过那里），以及萨里库勒的奇孜库尔干。那两个地方都是在很险要的地方筑了堡垒，以便在发生严重危险时，作为临时避难所，而不是永久居住的地方。牙木沁上方的遗址只有极少的陶器碎片（我只在主围墙后面和小堡垒里面发现了几块陶器碎片），而且除了小堡垒里面，没有其他建筑遗存，这些都证明这是个临时避难所。把这个遗址同奇孜库尔干比较后，我们还会得出另一个颇有启发性的结论。我在《西域考古图记》中已经证明，奇孜库尔干遗址就是玄奘提到过的一处山区要塞，当地人传说那里在汉代时发生过一件大事。早在玄奘于公元642年路过那里之前，那些遗址就已经成了废墟。奇孜库尔干的墙用土坯和粗糙的石块垒成，遗址所在的山坡甚至比扎木尔·伊·阿提什·巴拉斯特还要陡。如果奇孜库尔干遗址仍能一直保留到今天，那么扎木尔·伊·阿提什·巴拉斯特城堡也有可能在玄奘路过瓦罕的时候就已经存在了，或是在他过后不久建的。我们应该记住的是，瓦罕的气候和萨里库勒一样干旱，而奇孜库尔干位于海拔13 000英尺的地方，那里的积雪比瓦罕还多。

9月5日，我们沿谷地继续朝下走，路过了几个美丽的小村子，它们一起被称作普图伯。走了约7英里后，盛行的西风从谷地下游把流沙吹了上来，使谷底变成了一块沙质平原，还分布着红柳沙堆和沙漠灌木，使人不禁想起了塔里木盆地。又走了7英里后，我们来到了坐落在一块肥沃冲积扇上的什特克哈尔瓦小村。在那里，聪明的恰孜·恰达木沙赫加入了我们的队伍。此后几天内，在他的帮助下，我获得了一些伊什卡什米语的样本，这是加尔查语的一种。迄今为止，这种语言还没人记录过。再往下走，河边耸立着一座陡峭的悬崖（图18）。在俄国人修建马道之前，善于攀援的人只有借助着踏脚孔才能上去。在那里，恰孜·恰达木沙赫指给我看石壁上一个奇怪的凹陷处。那个凹陷叫"里瓦巴尔"（波斯语的"迪瓦达拉"）。据说，曾有一个时常杀死过路人的妖怪，在被一个圣人制服后，从那个凹陷处退到了山里。

那一天我们扎营在达尔萨依村。在到达村子之前，我们先经过一座桥，穿过了一条特别窄的峡谷。这条峡谷像是一条裂缝，是冰川融水补给的达尔萨依河在一座石山的脚下切割出来的，裂缝顶部只有几英尺宽。裂缝东边的石头上有一些圆形孔洞，直径约3英寸，挖得特别精巧，据说是古代的卡菲尔人挖的，孔洞中曾插有横梁，横梁上架着早期的一座桥。裂缝西边一块大石头上阴刻着很多粗糙的岩画，画着巨角山羊、捻角野山羊和其他野生动物，岩画的年代我不得而知。

在桥的北边，我们来到了一座孤立的石岭的顶部。这里比桥

图18　瓦罕的什特克哈尔瓦下游的迪瓦达拉悬崖

高200英尺，矗立着一些民居遗址（图19）。这里被称作是达尔萨依的卡菲尔堡垒，占据了岭上凡是有小平地的地方。从自然条件来看，这个位置极为险要。邻近西边和北边峡谷的地方是绝壁，而南面和东南面的光秃秃的石坡从上面很容易就能守住。民居的墙有的地方高6~7英尺，用石块嵌在灰泥中垒筑而成。位置最高的平台上是个更坚固的大建筑，墙用天然石块垒成，石块大致按

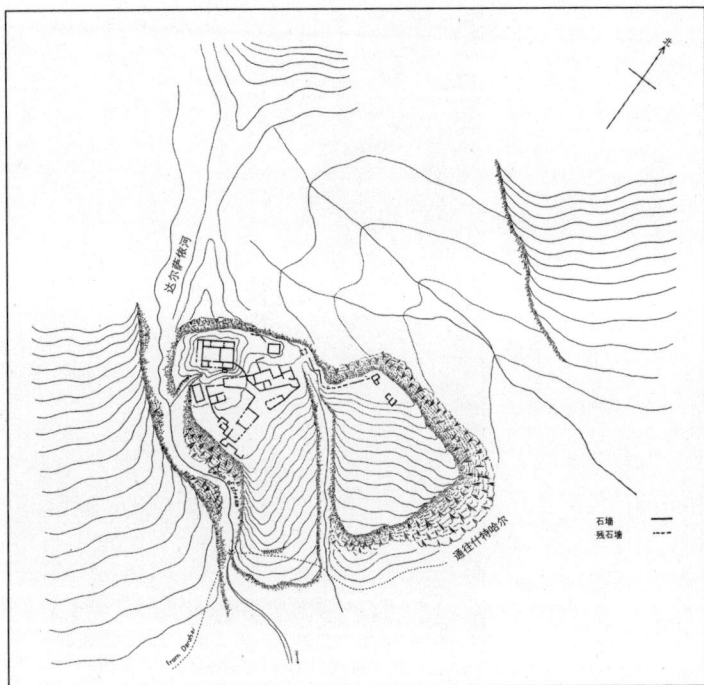

图19　达尔萨依的卡菲尔古城遗址平面图

层放置。这个最高的建筑的墙外面有些地方仍保留着硬灰泥的墙面。顶部这块平台用一道墙和东边伸出的那道石岭连在一起。那座石岭比顶部平台低100英尺，上面是几座朽坏严重的小建筑的遗存。在别的地方没有发现围墙。而且这些建筑群已经可以做一个安全的临时避居地了，用不着围墙。古人顺着一条又陡又窄的小谷下到底下的裂缝中去取水。关于这座卡菲尔堡垒的年代，我只能说它大概可以上溯到伊斯兰时期之前，但也可能后来偶尔被人用过。

第二节　穿过伊什卡什米和加兰

9月6日我们的行程比较有趣，因为我们走到了喷赤河朝北大拐弯的那段河谷。从一张比例比较小的地图来看，那条河谷是瓦罕的一个自然延续的部分。但实际上我们马上就会看到，在语言上和政治上，都可以将它看作是一个虽小却独立的地理区域的一部分。我们沿达尔萨依河下游走了1英里后，河床变窄成了一条峡谷，有很多地方都特别窄，河右岸的路绕着光秃秃的石坡脚下走，农田都是分离的小块。到了孤立的居民点拉玛尼特和乌迪特，农田就不见了。过了乌迪特村后我们路过了一座叫"桑"的石山。据说，自古以来人们就把它看作瓦罕和河右岸的伊什卡什米之间的边界。翻过这座山后，路在一块宽阔的石质扇形地带上延伸，然后把我们带到了掩映在果园和美丽的麦田中的那玛德古特村。尽管这里住的是瓦罕人，但这个小地方被认为属于伊什卡什米。

乔治·格尔森爵士分析了我从这段阿姆河河谷带回来的语言

学资料。在为那篇分析写的文稿中我指出，自古以来，喷赤河上的伊什卡什米地区，同瓦独吉河上游的泽巴克和桑里奇就有密切的民族和政治联系。这三个山区的人们说的几乎是一样的加尔查语，这就充分反映了它们之间的关系。这是明确的地理条件的结果。由于这些条件有它们自己的价值，所以在此我不妨把我的那段话引用在这里。"这一例子有趣地说明了地理学家们都知道的一个规律：如果有好走的山口和道路穿越分水岭，在民族和政治方面，谷地中的峡谷常常是比分水岭更重要的分界线。"

"瓦独吉河注入了巴达克山的科克恰河。从当地的传统和有限的历史资料来看，瓦独吉河上游的地区，与位于阿姆河主河道朝北大拐弯处的伊什卡什米地区，自古以来就构成了一个与众不同的山区小国或县，独立于西边的巴达克山和东边的瓦罕之外……泽巴克—伊什卡什米地区之所以与别的地方分开，是因为从兴都库什山朝伊什卡什米的阿姆河伸下来的宽山虽然把伊什卡什米同瓦独吉流域隔开，但人们可以通过一个特别容易走的山口翻越这座山。但朝巴达克山和瓦罕方向的河谷中却有很多特别窄的地方，形成了严重的交通障碍。北边的加兰也是这种情况……"

"伊什卡什米—泽巴克以及瓦罕过去是分立的小地区，由巴达克山的米尔的亲属分别统治，和远为重要也远为强大的巴达克山公国是一种封建隶属关系。公元1273—1274年，马可·波罗在去瓦罕和帕米尔的途中路过这里时，就注意到了这种年代久远的制度。现在，泽巴克地区和位于阿姆河以南的大部分伊什卡什米地区，都属于阿富汗的巴达克山省……阿姆河右岸（北岸）的伊什卡什米地区，朝上一直延伸到那玛德古特村上游的石峡谷，朝下延伸到玛勒瓦奇。在玛勒瓦奇村，可以进入加兰峡谷。"

9月7日及第二天的一部分时间，我们都在那玛德古特村休整。利用这段时间，我查看了一座城堡遗址。遗址位于那玛德古特村的主体部分下游1.5英里远的地方，被称作"恰拉伊恰恰"。这个名称把城堡同阿拉伯人的英雄"恰恰"联系了起来。这说明，当地人已经不知道城堡的真正起源了。城堡坐落在河北岸一座孤立的石山上。石山和北边的山脉脚下之间，横亘着一座宽约0.5英里的高原，高原是那玛德古特的冲积平地延伸出来的部分。石山由两条紧密相连的岭构成，两条岭大致都是东西走向（图20）。北边那条较大的岭最东端比河面高约400英尺，比岭脚下的高原高225英尺，那里是非常陡峭的悬崖。从那里开始，岭朝西逐渐下降，北面特别陡，南面则是一系列递降的平地（图21）。

从图21中可以看出，南面那条岭比北边那条短，但一直都很陡。两条岭之间由一条沟状凹陷处隔开。短岭西端的岩石伸出了沟外，形成了天然的 V 形棱堡。这条岭的窄顶部比河面高350英尺。两条岭脚下都是高度递降的窄平地（图22），从这些平地到河边的地方都特别陡，许多地方都是石壁，根本无法通行。整座山外侧大多都有陡崖保护，一侧则是深陷的护城河般的阿姆河。这里的阿姆河一年四季都无法涉过，所以这个位置天然就特别险要。在火器发明之前，如果有人戍守，这里几乎无法攻克。古人为了

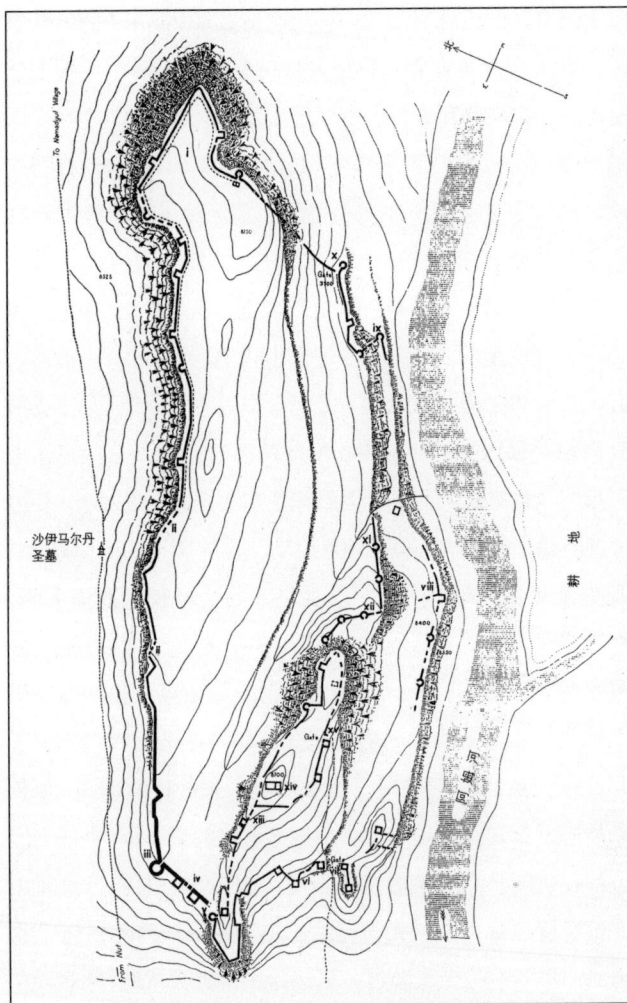

图20 那玛德古特附近的恰拉伊恰遗址平面图

在这里修防御工事，费了不少心血和劳动，这说明他们完全意识到了这里地理位置的优越性。

在描述这些防御工事的时候，我最好先从外围工事说起。在主岭最东端（i），我们发现岭顶部像石高地一般，东边和北边临着平地的地方都是悬崖。高地边上围了土坯墙，和悬崖很相似。这

图21 恰拉伊恰恰的南岭，从东面看

图22　恰拉伊恰恰矗立在河上方的废塔和残墙

一端的陡石坡本身就很险要，所以墙只有3~3.5英尺高，朽坏得比较严重。围墙上用圆塔和方塔加固，塔之间的距离并不规则。塔和墙的土坯底下是低矮的石头地基。残留下来的土坯上只有一排观察孔，观察孔一般都在石头地基上方不高的地方。观察孔的高度并不一致，里面有3英尺3英寸高，外面约有2英尺3英寸高。

观察孔朝外变窄成了7~8英寸。这段围墙的北墙和南墙有一个特别的地方，那就是墙里面又有一道墙，和外层墙平行，与外墙保持6英尺的距离。里墙厚仅1.5~2英尺而且毁坏得很厉害，墙上没有观察孔。我们在扎木尔·伊·阿提什·巴拉斯特也看到过与此完全一样的布局。这第二道墙的用途我还没有弄清楚。

在北面，主岭的整体高度朝西逐渐下降。但临着外面的高原仍是陡峭的悬崖，北面中部的悬崖仍有60英尺高。悬崖上原来是不太坚固的墙和塔，但在岭的高度下降的地方，出现了一道极为坚固的墙，墙外侧用土坯筑成，墙里面则用夯土筑成。在侵蚀作用下，墙上出现了很多朝里下降的裂缝。但除了平面图上标ii的地方有两道豁口（图20），整条墙的外面仍然十分坚固。西北角有座结实的圆塔iii（图23）。圆塔比外面的天然岩石平均高出25英尺，塔顶上原来有胸墙，现已消失了。

从西北角的iii开始，墙折向南—南西方向，越过了两条岭之间的豁口（图23）。这里的墙顶部约有22英尺厚。但图20中标着iv的那两座棱堡之间，墙的厚度减少到了12英尺。棱堡建筑在结实的石头地基上，棱堡比两侧的墙都突出约20英尺。大概原来棱堡之间有一道大门或后门。但由于墙体的坍毁，已经无法分辨出门来了。仔细查看之后我们发现，这一点的棱堡和墙的里外两面都筑了一层结实的土坯外壁。土坯外壁里面则是一层层的夯土，夯土层之间每隔6~10英寸就夹着一层薄灌木。在恰拉伊恰恰的其他地方我也注意到了这样的建筑方式，很像坎斯尔和克孜库尔干的城堡。当地人现在并不知道使用这种方法，但这种方法在中国新疆却被广泛应用。这表明，这座城堡非常古老。有几处地方还能在墙顶部附近分辨出砾石层，砾石层上面覆盖着8~10英寸厚的灌木捆。

过了豁口后，墙朝南攀升，来到了陡峭的岩石脚下，那些岩

图23　恰拉伊恰恰西南面的墙和塔

石就是较小的那条岭（即小堡垒所在的那条岭）的最西端。岩石顶上有一座 V 形棱堡状的外围工事，是用特别结实的土坯筑成的。在悬崖上已经找不到墙的迹象了，但两条岭的结合点有一座大圆塔 v 戍卫着，这座大塔矗立在外围工事的咽喉处附近。在这一点，另一道把小堡垒和外围工事连起来的墙，与外面的墙会合了，这道墙底部有 10 英尺厚，构成了一道内层防线的一部分（下面我们会说到这道防线）。从外围工事的东端，外墙朝东南方的河边延伸。为了确保墙在陡坡上更能立得住，也为了更好地进行防御，这段墙上有几个朝外突出的地方。其中最大一个突出部有两座方塔戍卫。在方塔下面一截朝南的墙上（即 vi 点），曾经用土坯大胆地装饰过（图 24）。装饰部分是一条约 18 英寸高的带子，用四层斜放的土坯构成。在土坯朝外突出的角之间，形成了朝里凹的角，这些就产生了一种很醒目的光与影的效果。这条带子上方是三层正常放置的土坯，再往上每隔一段距离就是一个 U 形小龛，每个龛都用垂直放置的土坯分成 9 个小部分，9 个部分从一个三角形呈放射状朝四周伸展。这样做的目的也是要造成光与影的对比效果。这种装饰布局隐约使人想起东方化了的希腊艺术的影响。关于从这个装饰上大概能得出什么年代线索，我只能留给其他人来解决了。

再往下的墙就朽坏得很厉害了，墙下降到了一组塔那里（vii，见图 25）。这三座塔戍卫着一道大门，如今仍有一条路经过那道大门下降到河边的平地上去。南边位置最靠外的那座塔如今有 25

图24 恰拉伊恰恰东南面装饰过的围墙

英尺多高，是用石头垒成的，表面是一层土坯和灰泥外皮。它大概还有一个用途，就是监视是否有人沿着河岸从底下上来。在 vii 东边的石头地面上，已经完全找不到外围墙的踪迹了。但在一座小丘上又出现了残墙，这里的墙接近了河边。从这一点开始，两条平行的残墙朝陡崖下面延伸，一直到了河床上方。它们大概本

图25 恰拉伊恰恰
西南角的塔，以及
俯瞰到的阿姆河

是一条有顶的路，以防止有人从河岸上来。

我们有理由认为，原来河的这一面都是有围墙的，一直到了从塔 ix 朝上延伸的那段横向围墙（图22）。但除了一段有三座塔的120码长的残墙，以及另一座孤立的塔，这部分围墙已经完全消失了。这是因为河边的石岸十分陡峭，在我去的时候，viii 那一

图26　恰拉伊恰恰东面围墙上的塔 x

点的河岸比河水的水面高50英尺。而且，墙上方的过道越来越窄。在图22左侧的那座塔（ix），外围墙离开了河岸，破败的残墙在陡崖上攀升了100英尺高，来到了主岭的一块平地上。之后，它顺着这块平地边缘朝东延伸，一直到了大圆塔 x（图26）。在到达塔之前的最后30码，墙里面又有一道内墙。内墙只有2英尺厚，和外墙保持着10英尺的距离。圆塔 x 上的观察孔保存得特别好。从图26中可以看出，从外面看，观察孔窄窄的顶部装饰着一个三角形小龛，龛里面突出的土坯造成了一种阶梯状效果。过了塔 x 后，外围墙折向北边，并留下了一条豁口，豁口显然是大门的位置。墙顺着大门上方的陡坡继续朝上延伸，最后到达了主岭最高部分底下的几乎壁立的悬崖。在悬崖上看不到墙的迹象。但在悬崖上方比河高400英尺的地方，围墙继续延伸。于是我们回到了最开始叙述围墙的那一点。

　　我们现在可以从这里回到较小的那道岭上。这道岭顶部又长又窄，上面有一座小堡垒（图21）。在接近堡垒之前，我们都是沿着平地边缘走。那圈平地比河面高150英尺，平地上是前面说过的从塔和大门 x 来的那道朝西南延伸的外围墙。从围墙朝河边下降的那一点起，平地继续朝西延伸，平地底下是陡崖。这里没有发现墙体的迹象。但可以肯定的是，这里原来也有一道次级围墙，与图20中标作 xi 的那一点朝同一方向延伸的次级围墙连了起来。以 xi 为起点的那段墙在图21的左下角可以看到。有了这第二道防线，即便从 viii 到 ix 的河边部分被占领了或被废弃了，仍可以保卫主围墙。

　　从标作 xii 那个角落开始，次级围墙拐了个直角，折向西北方向，攀升过一段窄窄的石坡后，来到了小堡垒那里。这段墙特别结实，用土坯筑成，大部分墙体仍高达8~10英尺。戍卫着这段横向墙的有三座圆塔，圆塔的入口都开向南面堡垒的山坡。后来我们注意到，有一段特别残破的墙从 viii 号塔延伸到角上的 xii，我们这才明白为什么如此安排。有了这段横向的墙以及到达堡垒的墙后，即便外围墙的大部分包括主岭都已经落入了敌人之手，仍可以守住小堡垒和河道。同样为了这一目的，从小堡垒的最西端伸出一道墙，伸到了塔 v（位于外围墙的 V 形棱堡状外围工事的咽喉处），这段墙的塔是朝北的。

小堡垒的墙依岭顶的轮廓而建，围住的地方长150码，最宽处有40码宽。最高的那座小丘比河面高350英尺，小丘上是一个小建筑（xiv）的残墙。残墙厚3英尺，用土坯精心砌成。小堡垒东端一座稍微低些的小丘上也有一个小建筑，它的墙朽坏得很严重。堡垒朝河的围墙上有座塔（xv），塔旁边可以看到一道大门。我们发现的陶器碎片主要是在堡垒里面和堡垒南面的坡上捡到的，其中有很多特别细腻的红陶器，工艺要远胜于在藏村和牙木沁遗址发现的陶器碎片。我们没有发现带装饰的陶器。从陶器碎片的分布来看，小堡垒里在某段时期曾有人定居，而围墙里的其他部分只是临时避难所。围墙里其他地方都没有发现房屋的遗存，这是个很值得注意的现象。那玛德古特的村民说不曾在围墙里面发现任何古物。但后来在努特，图玛诺维奇上尉给我看了一枚在这发现的铁箭头。箭头的尖比较奇怪，有两个叉，就像一把打开的剪刀似的。

前面我说到了扎木尔·伊·阿提什·巴拉斯特的起源和年代。那些话同样适用于恰拉伊恰恰，甚至可以说更适用。现在的伊什卡什米和泽巴克资源特别有限，很难相信这么坚固的一座大城堡会是伊什卡什米和泽巴克的首领建的。显然，城堡的主要目的甚至可以说唯一的目的，就是在危险情况发生时保证很多人的安全。从巴达克山很容易就能到达这里。巴达克山是个土地肥沃、人口密集的地区，阿姆河和瓦独吉河源头之间的这个地区与巴达克山在政治命运上总是密切联系在一起的。再考虑到堡垒极为险要的位置，我想这会不会是巴达克山某位统治者希望在敌人入侵的时候，自己及家眷能在东边有个退路呢？目前我们没有发现什么明确的考古学线索，还无法断定堡垒的建筑年代。但它的建筑时间应该和牙木沁上方的城堡相隔不远。而且从某些建筑细节上看，我倾向于认为，恰恰城堡的年代是更早的。

9月8日早晨，我们完成了对那座古堡的考察，并踏访了哈孜拉特·沙依玛尔丹的圣陵。那是人们常去朝拜的圣地。我以前曾说过，那里堆放的天然石块形状有点像小佛塔。我还指出过，这些石块大概表明，人们仍然继续崇拜着佛教时期被崇拜的东西。俄国的边防哨卡设在努特，那里在伊什卡什米的对面。当我朝努特走时，我在喀孜德村和鲁恩村之间注意到了一条宽宽的沙漠地带。据说那里有古代农田的遗迹，人们用开辟新水渠的办法正在重新开垦那些田地。在普图尔村下游，一条陡山伸到河左岸。人们把那座山指给我看，说它是那一侧的瓦罕和伊什卡什米的传统边界。

我在努特受到了那里的"头"图玛诺维奇上尉极为热情的接

待，他是个很有文化修养的人。我利用一天的休整时间，在伊什卡什米的居民中收集了更多的语言学和人体测量资料（图27）。努特哨卡位置很高，海拔约8 400英尺，比阿姆河高400英尺。在哨卡附近的山坡上有很多泉水。从努特望去，视野十分开阔，可以看到阿姆河对岸的宽阔谷地（图28）。对岸的梯田中散布着许多小村子，它们被合称为伊什卡什米。梯田一直朝上延伸到了那个特别好走的山口（或说是高原），从那里可以到泽巴克和流入巴达克山的瓦独吉河谷去。实际上，我们很容易意识到，为什么伊什卡什米和山口那边的山区在语言上有如此密切的联系，并且为什么它们都成为西边那个大地区（即古代的吐火罗国）的附庸。我至少从远处望到了吐火罗斯坦的山脉，这已经让我很满意了，尽管当时这使我想看到更多的吐火罗斯坦。

9月10日，我从努特出发，准备顺着阿姆河走到下游的舒格楠去。离努特约2英里远的地方，河朝北边拐了个弯，那里的河谷变得特别窄。但从河右岸的石高原上可以比较容易地过去，这样我们就在离努特12英里的时候来到了玛勒瓦奇村。正是这个原因，河右岸的10多户人家以及玛勒瓦奇村都被算作是属于伊什卡什米的。在离努特7英里远的地方，即苏木沁小村上游一点，一座陡峭的石山从东边伸进谷底。石山末端比河面高出约500英尺。那个末端是一块平坦的小高地，高地底下就是绕着山脚的阿姆河，高地临河的地方都是绝壁。高地顶部有一圈粗糙的多边形围墙（图5），围墙用粗糙的石块垒成，几乎没有使用灰泥。有几处墙上残

图27 在努特做人类学测量的伊什卡什米人

图28 伊什卡什米和连接着泽巴克的高原，从努特渡过阿姆河看

留着1.5英尺高的观察孔。这就是"苏木沁的恰拉"，当地人对它的起源一无所知。但可以肯定的是，它比牙木沁和那玛德古特附近的城堡年代要晚。它大概是一座仓促之间筑起来的"丘萨"，以便戍卫从加兰来的道路，防卫舒格楠人的入侵。

在玛勒瓦奇村之后，河谷依次有很多窄的地方。阿姆河（当地人称之为喷赤河）穿过这些峡谷，朝舒格楠蜿蜒流去。阿姆河的这段河谷就是加兰地区。在俄国工程师建了一条窄窄的马道之前，从南边和北边都很难走到这个地方来。马道出现之前，河右岸陡峭的山对驮东西的牲畜来说几乎是无法通行的。大自然在这段河道上设置了交通上的障碍，所以加兰紧紧地依附于巴达克山。从当地人的传统以及居民的面貌、说的波斯语言，都可以看出这一点。加兰的农田数量极少，主要分布在窄侧谷的谷口处，这样的田地能养活的人口是很少的。以前居民是受巴达克山的米尔控制的。后来，这里才在阿米尔·谢尔·阿里统治的时候，被划入了阿富汗。

这里一年的大部分时间都能与巴达克山比较容易地来往。在巴尔肖尔和安达吉，河左岸都有侧谷，从侧谷可以走到亚古尔杜高原上去，高原就是与瓦独吉河的分水岭。过了分水岭后，有道路通向萨尔吉兰谷地，然后通到巴哈拉克。巴哈拉克是巴达克山的旧都。这段路走起来只需两天，驮东西的牲畜在夏天和秋天都能通行。还有一条路同样也很好走。这条路进入一条侧谷，侧谷中的石瓦湖是在达尔玛拉克对面注入阿姆河的。路从湖周围丰茂

图29　加兰的巴尔肖尔附近的阿姆河河谷

的草地上开始，越过阿尔刚查山口，到达了巴达克山现在的首府法依孜阿巴德。我听说，从西面俯瞰着阿姆河河谷的加兰和舒格楠地段的那条山脉上，有优良的草地。这样我们就比较容易理解，为什么那些草地对巴达克山的历任统治者（大月氏人、白匈奴人、西突厥人）有那么大的吸引力了。

我用了三天的时间穿过整个加兰地区，一直走到了舒格楠。对这三天的情况我就用不着详述了。奥卢夫森上尉已经详细地说过，在建马道之前这里的地面走起来是如何艰难。在很多地方，新道是在岩石上炸出来的，有时则借助于河边高高的栈道才能越过绝壁，从这些地方就能体会到以前的路会多么难走。在巴尔肖尔村下游不远的地方我们就遇到了这样的栈道（图29）。9月11日我们就是在巴尔肖尔村过夜的，那里的海拔约7 600英尺。第二天，我们一直走到了安达拉伯。这一天中，从沃德格村往下，我第一次在山坡高处看到农田只靠雨雪，而不用灌溉。这表明，这里的气候比瓦罕要湿润得多。在去安达拉伯的路上，我们在西斯特村上游路过了一些矿坑，以前巴达克山的米尔们常强迫劳工在那里开采红宝石（也可能是类似红宝石的尖晶石）。这里的宝石在中世纪时是闻名遐迩的。马可·波罗也提到了"那些美丽而昂贵的巴拉斯红宝石"，他还正确地指出了它们的产地。[1]

1　"那些美丽而昂贵的巴拉斯红宝石就出自巴达克山的这个省份，它们嵌在山里某些岩石中。为了寻找宝石，人们在地上挖出了大洞，就像挖矿井开采银子似的。只有一座山产宝石，它叫西吉楠。宝石是给国王采的，其他人若是敢在那里挖掘，就会搭上性命，还要损失财产。任何人也不允许把宝石带出国境"云云。

第三节 舒格楠谷地

安达拉伯海拔约 7 200 英尺，是我们在进入舒格楠之前的最后一站。在安达拉伯下游，我们碰到了对阿姆河河谷的交通来说最糟糕的障碍。因为这些障碍，在俄国的道路开通之前，当地走的是一条牲畜可以通行的小道。加尔姆恰什马侧谷汇入了主河谷，小道就是顺着那条侧谷朝上去的，然后穿过东南方的山脉，进入舒格楠的沙克达拉。从达尔玛拉克小村子，可以看到石瓦湖注入阿姆河的地方。村子里有果园，说明我们已经接近气候比较好点的地区了。后来，我们在奇特什夫的悬崖底下，经过了最差的一段路。之后，谷地逐渐变宽了，我们已经能够望见喀拉巴尔潘加的富饶梯田了，喀拉巴尔潘加是舒格楠在阿富汗一侧的首府。然后我们折入了一条开阔的河谷。那条河谷中的大河汇集了格浑德和沙克达拉的溪流之水，并注入了阿姆河。我们过到了这条河的右岸，并到达了俄国"帕米尔地区"的行政中心哈鲁克，那里的海拔约 6 650 英尺。

9 月 13—14 日，我们在那里待了两天，受到了负责帕米尔地区的加盖罗上校极为热情的接见，过得愉快而有意义。这位极有成就的军官曾在军队的情报部门工作过。他对我的考古学工作和其他工作很感兴趣，这才使我能够把考察活动在舒格楠地区扩展到很远的地方，超过了我的预期。他还发布了一些指示，极大方便了我在山区的旅行，当时山区是布哈拉的埃米尔统治的。对他这些及时而特别有益的帮助，我深为感激，矢志不忘。

在哈鲁克，俄国文明的影响不仅体现在拓展的农田和繁茂的果园上，而且体现在电灯和一所有很多学生的俄国学校上。我在哈鲁克停留期间收集到了人体测量学资料，还获得了关于舒格楠的历史及现在居民的生活方式的有用信息。让我联系着中国史书为我们保留下来的这个有趣山区的最早历史资料，来讨论搜集到的信息。人们早已意识到，《唐书》以及几位中国佛教朝圣者提到的稍有不同的名称"尸弃尼""识匿""瑟匿"等，指的都是舒格楠。这样说的证据，一则是这些名称都类似于"锡格楠"，而"锡格楠"是现在流行的当地名称"舒格楠"的变体，这个变体如今仍有人用。其二，那几份资料说到的位置证明说的就是舒格楠。

《唐书》中说："识匿〔国〕或曰尸弃尼，曰瑟匿。东南直京师九千里，东五百里距葱岭（萨里库勒）守捉所，南三百里属护密（瓦罕），西北五百里抵俱蜜（喀拉特金）。初治苦汗城，后散居山谷。有大谷五，酋长自为治，谓之五识匿。地二千里，无五谷，人喜攻剽，劫商贾。播蜜川（帕米尔）四谷稍不用王号令。俗窟室。"（原文见《新唐书·西域传》——译者）。然后记载的是，公元646年，此国遣使来到唐朝，唐朝于公元724年还授予国王一个皇家军官的称号。下文还将提到，公元747年高仙芝远征小勃律（亚辛）时，识匿国王给予了协助，并战死。

我们可以看出，《唐书》的记载相对于附近地区的方位是相当正确的，距离也基本准确，对此我们无须细说。至于旧都苦汗城在哪里，由于书中没有提供任何线索，所以我们还无法判断。"五识匿"的说法在悟空的回忆录中也出现过。这种说法的根据是这个地区分成五条大谷，各有各的酋长。书中还说这里的居民好战，喜欢劫掠。一直到离现在特别近的时期，舒格楠人都有这样的名声，瓦罕人仍然清楚地记得舒格楠人的劫掠。而且，现在萨里库勒居民说的语言和舒格楠语言只有很小的差别，无疑这是舒格楠征服了萨里库勒的结果。[1] 舒格楠的峡谷中可耕种的土地很少，也没有足够的牧场，所以舒格楠人才长于劫掠，并在外地设置居民点。也正是这个原因，现在的舒格楠人有特别明显的移民倾向和进取精神。每年都有很多舒格楠人离开贫瘠的家乡，到费尔干纳做临时的农业工人，还有很多人到喀布尔和马尔吉兰、科坎德等北部大城市去当仆人。瓦罕的居民则非常驯顺。我从瓦罕来到舒格楠后，普通舒格楠人的独立意识和多样的生活方式给我留下了深刻的印象。

《唐书》中说识匿国划分成五个自治的小酋长国，这是地貌状况直接造成的。瓦罕的居民都集中在阿姆河那一条大河谷中，但

1　我从当地人那里，无法得知萨里库勒的这个舒格楠居民点可以上溯到什么年代。人们只是说"那是很久很久以前的事了"。但根据我在沙克达拉获得的信息，沙克达拉的某些家庭和萨里库勒的某些家庭之间仍保持着亲戚关系。

舒格楠人却分布在不同的地区，各自有自己的特色，并有高山或与高山一样难以越过的河流峡谷隔开。看一下地图就能清楚地分辨出四个天然划分成的区域：格浑德和沙克达拉谷地，从加兰下游到喀拉依瓦玛尔上游罗申边界的阿姆河谷地，以及罗申。罗申自古以来在政治上就和舒格楠密切相连，那里的方言和舒格楠语言只有很微小的差别。考虑到渡过阿姆河是很困难的，我们可以假设阿姆河两岸应该划成不同的地区，这样就是五个酋长国了。也可能《唐书》在计算的时候把加兰也算在内了。

我询问了当地人。有一个叫土兰·伯克的90多岁的老人特别有智慧，简直就是当地信息的资料库。他大大促进了我们的询问工作。从他那里我得知，人们传统上习惯于把舒格楠叫作七萨德舒格楠，与《唐书》的记载很接近，而且这个名称至今仍在使用。关于七个"萨德"究竟包括哪七个，当地人的意见不尽相同。但他们一般认为应该包括达尔玛拉克、喀拉巴尔潘加、帕尔设尼乌[1]、哈鲁克[2]、沙克达拉、格浑德、罗申。但他们都说，在18世纪早期之前，格浑德、沙克达拉和罗申都是不同的米尔统治的，他

1　帕尔设尼乌是哈鲁克下游阿姆河右岸那片肥沃土地上的主要村落。

2　这个波斯语名称指的是格浑德河和沙克达拉河注入阿姆河之后的河谷。舒格楠人把这个地名读成"喀拉格"(Kharagh)。俄国采纳的官方发音是"喀洛克"(Khorok)。

在成为俄国的军事和政治中心之前，哈鲁克村是个不重要的村子。我经过的时候，这个村子有60户人家。那里还有舒格楠人开的几家店铺和两个巴乔里来的商人。

们只是在名义上臣属于舒格楠的米尔（舒格楠米尔住在喀拉巴尔潘加[1]）。公元7—8世纪的时候情况大概也是这样的，而《唐书》中记载的就是公元7—8世纪的事。

玄奘对舒格楠的描述与《唐书》也很接近。这位朝圣者是在穿过瓦罕的时候提到舒格楠的，但他本人并未来过。他说：

逾此国（达摩悉铁帝国）大山北，至尸弃尼国。尸弃尼国周二千余里，国大都城周五六里。山川连属，沙石遍野。多宿麦，少谷稼。林树稀疏，花果寡少。气序寒烈，风俗犷勇，忍于杀戮，务于盗窃，不知礼义，不识善恶，迷未来祸福，惧现世灾殃。形貌鄙陋，皮褐为服。文字同覩货罗（吐火罗）国，语言有异。（见《大唐西域记》卷十二——译者）

这段文字相当准确地描绘了这个国家的自然特点。至今舒格楠人勇敢和凶悍的名声，仍远播于它南边和西边比较驯顺的"邻居"当中。尽管这里的居民很不驯服，但在中国的势力伸展过了

1　土兰·伯克说，人们还记得舒格楠的五任米尔，他们代代相传，依次是：沙万吉、沙埃米尔·伯克、考巴德汗、阿普杜拉西姆汗、玉素甫·阿里汗。考巴德汗征服了罗申，派一个弟弟在那里统治。阿普杜拉西姆汗杀死了沙克达拉的米尔阿塔木·伯克和他的六个兄弟，夺取了沙克达拉。几年后他还夺取了格浑德。舒格楠被阿富汗征服的时候，玉素甫·阿里汗被迁到了喀布尔，并死在了那里。

帕米尔的时期，巴达克山和塔里木盆地之间的一些交通也有可能经过了舒格楠。后来两个到印度去和从印度来的佛教旅行家的记述中，提到了经过舒格楠的道路。印度僧人法月（即达摩战伦罗，公元653—743年，唐代的印度僧人——译者）在公元741年回国的途中，就从喀什噶尔走到了"式匿"。但当他走到"乏骡山"上的"吉连城"时，发现"识匿国"发生了叛乱，于是他回到了喀什噶尔，最后死在了和田。现在我们仍无法断定"乏骡山"和"吉连城"在什么地方。我以前曾说过，公元747年高仙芝越过帕米尔远征时，到了"特勒满"谷地，也就是"识匿"五国。

悟空曾两次穿过舒格楠，一次是公元752年从喀什噶尔到印度的途中，另一次是在大约公元786年回国的途中。但这位朝圣者仍是一如既往地言简意赅，他只说到"五赤尼也叫播密川（帕米尔）的式尼"。在去印度的时候，他穿过葱岭、萨里库勒到帕米尔去的一个山口，来到了舒格楠，然后到了护密（瓦罕）。在从吐火罗斯坦回来的途中，他历经千难万险，在到达"识匿"之前，经过了"拘密支国"和"若瑟知国"。"拘密支国"就是喀拉特金，"若瑟知国"是哪里我们还不知道。如果走这条路，他大概穿过了达尔瓦孜，并顺着阿姆河朝上游走，后来从识匿到了喀什噶尔。

我现在还无法察知，中世纪伊斯兰地理学家们是否提到过舒格楠。但可以肯定的是，18世纪下半叶清朝收复新疆后，舒格楠以及阿姆河谷地以远的巴达克山和奇特拉尔都感受到了清王朝的政治势力。当地人仍流传着关于中国人控制的事。沙克达拉的土兰·伯克告诉我，清朝收复喀什噶尔后，于1759年越过了帕米尔。人们的记忆和那次行动有关。

中国的势力之所以能伸展到舒格楠甚至更远的地方，是因为从帕米尔方面和巴达克山的开阔高原上，到舒格楠谷地都比较容易。这个地理因素，再加上舒格楠人喜欢到外面去寻找财富来补充自己地区资源的缺乏，造成居民中既有当地"阿尔卑斯人"的血统，也有外来血统（图30）。我在穿过舒格楠时收集了一些人体测量学资料，乔伊斯先生分析了这些资料后，就指出了这一点。

我还要说的是，当地人说舒格楠以前的人口有7 000户，这个数字无疑是极为夸张的。但我发现，有很多可耕种的土地，尤其是在沙克达拉谷地上游，在很久以前就被废弃了。我还无法断定，这是由于阿富汗人和布哈拉人的管理不善，还是由于当地最后几任米尔的贩奴活动，或是因为最近越来越容易向外移民。人们告诉我，俄属舒格楠的沙克达拉、格浑德、哈鲁克的人口分别是210、220、60户，此外，还应该加上从格浑德河注入阿姆河的地点下游，一直到喀拉依瓦玛尔的阿姆河两岸的人口，这个数字也是不小的。

9月15日，我离开了哈鲁克，准备顺着沙克达拉谷地走，到那条谷地的头部去。那一天我们是沿溪右岸的马道走的，路过了许多风景如画的小村子，村子之间是一块块牧场。谷底走起来一直都很容易，在拉奇喀拉那个堡垒般的村子，谷底扩展了足足0.5英里宽。拉奇喀拉海拔约8 400英尺，曾是沙克达拉的米尔们居住

图30 在哈鲁克做人类学测量的舒格楠人

图31 舒格楠沙克达拉的比戴奇的民居遗址

的地方。[1]我们就在那里扎了营。第二天走了8英里后，在贝寨茨村上方，谷地变成了一条茂密的河边丛林带。之后我们越过了一条冰川融水补给的大溪巴尊达拉。过了这条溪注入主溪的地方后，一条比较难走的路通向瓦罕的什特克哈尔瓦，那条路古代的时候常用于劫掠。之后，我们到达了扎诺奇达拉溪出口处的一点。在那一点附近，沙克达拉河两侧都是壁立的悬崖，一大堆崩落的石头充塞在狭窄的河床上。有两座塔戍卫着这处关隘。

过了这条峡谷之后2英里，峡谷变宽成了一个盆地，盆地中有很多小石山。在这里的比戴奇的牧场，有一块比河边丛林高80英尺的平地，平地上长150码、宽120码的一块区域内都布满了民居遗址(图31)。当地人说这是卡菲尔人建的。墙用天然石块垒成，非常坚固，建筑质量优于我在舒格楠见到的任何建筑。墙一般是2英尺厚，有的地方仍高达12英尺。东南端的一座民居有几个大房间。再往谷地上游走约1英里，河对岸有块孤立的岩石，约有60英尺高，人们称之为巴里喀克。岩石上面有一些残墙，据说也可能上溯到卡菲尔时代。再往上，河就流在一条峡谷中了。路在河左岸延伸，穿过一条陡峭的石峡谷，就来到了一座高原。高原上是森迪乌的农田，海拔约9 100英尺。高原俯瞰着河的地方十分陡

1　土兰·伯克能记起沙克达拉的六代米尔：道拉特·伯克、哈桑·伯克、阿塔木·伯克、纳迪尔沙、奥巴依杜拉汗、阿奇兹汗（即当时谷地的明巴什）。阿塔木·伯克是最后一任独立的米尔，他在拉奇喀拉遭到了阿普杜拉西姆米尔的突袭，他和他的六个兄弟都被扔到了城堡下的悬崖。

峭。在那里的高原边上，矗立着一座孤立的石丘，那里本是一处卡菲尔要塞最强固的部分。为了给新建的大房子明巴什提供材料，大多数墙被推倒了。但我看到有一段残墙从小丘下来，顺着一条小沟延伸，大概是为了确保水源。

过了森迪乌之后2英里，我们遇到了沙克达拉的第一个也是唯一一道险要的交通障碍。我们得在"栈道"上下降200英尺，这才能到河的左岸。要过这段路，我们必须把牲畜驮的东西都卸下来。过了小村子塞地吉后，凡是谷底变宽的地方，我们都能遇到小块农田。有时河穿过了很窄的无法通行的峡谷，我们就得在陡坡上攀上攀下。但我们还是没费什么力气就走了23英里，晚上在海拔约10 100英尺的奈马赫麻扎安了营。

9月18日走的路比较有趣。我们先是沿着逐渐变宽的谷底往上走，经过了一系列小村子，村子里居住的主要是从罗申迁来的移民。走了11英里后，我们来到了长着草的宽沟"交山伽孜"。这条沟海拔约10 800英尺，很像帕米尔。在这里我们发现了约10户吉尔吉斯人家，他们种植燕麦，但仍住在毡帐（吉尔哈）中。他们近些年开垦了这里的土地，但东边几英里内还有更多的可供开垦的田地。燕麦和大麦在这里长得很好。所有迹象都表明，主谷地的这个头部地区很早就有居民。根据我从土兰·伯克那里听到的沙克达拉历史，据说这里曾有3 000户舒格楠人。这是个夸张的数字，但仍是值得注意的。从这轻松地走两天，就能走到阿利丘尔帕米尔的萨西克库勒，那条道就是俄国现在的车道。因此，交山伽孜如果以前有很多居民，穿过帕米尔来往于舒格楠的商人很可能把这里当作一个重要的休息地和物资供应地。交山伽孜峡谷里矗立着一座小山（图32），山上有一座堡垒遗址。据说舒格楠人一直沿用那座堡垒，直到40多年前才废弃。堡垒的建筑看起来很新，质量远逊于比戴奇的卡菲尔遗址。

我们从交山伽孜折向北方，以便到朵扎克达拉山口去，那个山口通向格浑德谷地。在到从山口下来的那条谷地之前，我们绕过了一些被废弃的农田，它们在库尔威奈克河岸边的平地上几乎不间断地延伸了4英里远（库尔威奈克河就是从朵扎克达拉山口流下来的）。山坡上可以看到旧水渠的明显迹象。河上方一个比较平的鞍部上有一堆堆石头，当地人称它们是曾在这里清点人数的一支军队留下来的。9月19日，我们轻松地走过三座古代冰碛后，越过了朵扎克达拉头部海拔约14 000英尺的山口。山口北侧有几个小湖，那里原来是个冰川湖。在一块巨大的尾闾冰碛以下3英里的范围内，谷底都塞着碎石，特别难走，"朵扎克达拉"就是由这些碎石得名的，相当于阿尔卑斯山区极为常见的"可怕的小谷"。后来，朵扎克达拉与从科依特孜克山口下来的陶库孜布拉克大谷地连在了一起。在那里，我们来到了俄国的车道上。沿车道走了2英里后，我们走到了格浑德主谷地中瓦尔海茨的绿草地。那里的海拔约10 000英尺，我们在那里扎了营。

9月20日，我们顺着格浑德河朝下走，一路都十分愉快。我现在可以看看这条大谷地的中部了。一个月前，我在叶什勒库里

图32　舒格楠的交山伽孜的塔和吉尔吉斯人的帐篷

的流出口，曾望到了这条谷地的头部。一路见到的景象都说明，只要舒格楠那边的情况可以保证道路的安全，穿过帕米尔到巴达克山去的交通走这条谷地就很便利。在萨尔迪木村和王村以及下游的查尔斯木以下，我们都发现了舒格楠米尔们的堡垒，说明在近代人们是不敢太相信舒格楠那边的。查尔斯木村（图33）掩映在

图33 在查尔斯木附近顺着格浑德谷地看到的景象

碧绿的农田和树木之中。在到达查尔斯木村之前，我们越过了一段难走的碎石带。碎石带伸展了约有1英里长，横亘在宽阔的谷底。这些碎石是以前山体滑坡的时候从南边的悬崖上崩落下来的。这条障碍物的东西两侧都有很多低矮的防护墙，说明以前在不同的时期，障碍物都被当作防御工事使用。我们捡到了几块光滑的石头，上面除阴刻着一只张开的手或野绵羊外（这些形象都是很常见的），还浅浅地刻着阿拉伯文，其内容是祷告或宗教表白书。在查尔斯木的当地头人家里，我满怀兴致地发现，他家大厅的屋顶和天窗正是我在米拉格拉姆和马斯图吉看到的古老风格。查尔斯木下游6英里远的地方又是一个美丽的小村子，名叫魏尔。我们从魏尔村走过一座摇摇摆摆的桥，来到了河右岸，并朝什塔木走。什塔木海拔约9 000英尺，是个有16户人家的村子，位于一个特别陡的谷口，那条谷也叫什塔木。我们将从这个谷头部的冰川山口，越过与罗申之间的分水岭。

　　早晨出发的时候，为了进行必要的准备，我们耽搁了一会儿。我正好利用这段时间听听老人们能回忆起来的那点东西，他们把那些事当作格浑德谷地的掌故，津津乐道。这里的掌故远没有沙克达拉人的掌故那么久远，只能上溯到阿普杜拉西姆汗时期。他是舒格楠的倒数第二任米尔，他的儿子叫玉素甫·阿里。除了这最后两位米尔，人们只隐约记得一个叫萨里木的米尔和一位吉尔吉斯王。但我问到的所有人都知道，中国势力曾一度扩展到舒格楠。他们说，谷地下游的德巴斯特有个波斯文短碑铭可以证明这一点。根据我听到的说法（我也只能得到口头信息），那个题识是诗体的，提到了根据"喀迁依金的哈其木"的命令，规定那里是格浑德和苏产（在哈鲁克附近）的分界线。我问到的人都说，在最后几任舒格楠米尔的统治时期及后来的阿富汗占领期，由于严重的剥削，格浑德的人口大大减少了。米尔们为了增加自己的收入，将妇女和儿童卖作奴隶。为了躲避这种迫害，大批人迁到了科坎德和马尔吉兰等地。因此，像王村、魏尔、查尔斯木等地几乎已经没有人烟了。俄国占领后条件改善了，这些地方才又有人住。我在什塔木测量的大多数男子都是来自罗申方向的雇工，这说明格浑德的人口仍是不足的。

第四节　从罗申到达尔瓦孜

9月21日，我们离开什塔木村，准备越过一个也叫什塔木的山口到罗申去。我们顺着峡谷朝上走，峡谷中有两个地方都塞着崩落的成堆碎石。我们还越过了古代冰碛，并在海拔约10 400英尺的地方经过了一个已经干涸的小冰川湖，最后在海拔约12 600英尺的里杰乌过夜。这是驮东西的马能费力走到的最后一个地点了。第二天早晨，我们朝上走了3英里后，来到了一条"冰河"的最低点。这条冰河汇集了几条冰川，冰川主要是从山口西南垂挂下来的（图34）。为了避开一条巨大的冰瀑布，我们不得不从光秃秃的冰坡走到瀑布旁边一条高高的冰碛上去。在冰坡上，我们只能用刀砍削出踏脚的地方。再往上，我们有时在布满裂缝的冰川上走，有时得攀登冰川西侧的岩石。有些地方石头是有滑落的危险的。这样走了3英里后，我们在冰川头部的冰原上方，来到了板岩构成的窄窄的山顶，这就是那个山口（图34）。它海拔约

图34 从什塔木山口看到的全景。此山口海拔约16 100英尺，位于舒格楠和罗申之间。南西（左边）是舒格楠，西南（右边）是罗申

图35 从什塔木山口朝西（左侧）和西北（右侧）看到的全景

16 100英尺。我们在那里发现了一条小道的踪迹。夏初的月份里，由于有积雪，比较容易走过冰川，那时罗申人就想办法把绵羊、牛和马沿这条小道带上来。在下游的巴尔坦格河峡谷中，他们的牲畜是无法通行的。

在什塔木山口，西边和西北边一派壮丽的景象展现在我们眼前（图35）。在那两个方向，很多美丽的冰川的源头汇聚成一条巨大的冰河，朝劳莫得谷地延伸了下去。朝西南方看去，越过一条带冰原的锯齿状的山脉顶部（图36），我们可以望见巴达克山那些山脉的柔和的轮廓，山顶上都是积雪。朝南望，可以望到把沙克达拉和格浑德隔开的那条山脉的美丽雪峰（图34）。我们从山口朝下走，先走过冰原（图37），然后比较轻松地走了1.5英里后，来到了一块巨大的横向冰碛。我们顺着冰碛朝下走，又走了3.5英里后，在海拔约13 900英尺的地方见到了第一块植被。接着，我们顺灰色的冰川继续朝下走了1.5英里，到达了那个叫"萨尔考里哈拜尔伽"的营地。那里正在冰川口底下，海拔约13 000英尺。

令我高兴的是，已经有一批从劳莫得来的罗申人在那里等着我们了，准备换下我们从舒格楠那一侧带来的扛东西的人（他们已经特别累了）。有趣的是，从舒格楠来的人大多说一口流利的波斯语，而从劳莫得来的那些人只懂自己的罗申语（舒格楠语的一种方言变体）。劳莫得是个很大的居民点，据说有30多户人家。但它由于在深山之中，几乎与世隔绝了，劳莫得人的语言就告诉了我们这一点。同时我们还能看出一个更重要的事实：由于巴尔

图36 从什塔木山口看到的景象

图37 什塔木山口罗申一侧的冰川,从西北面看

坦格谷地特别难走，所以罗申从未像舒格楠那样被作为巴达克山和帕米尔之间的交通要塞。

9月23日，我们顺着谷地朝下走。前5英里中，我们走过的是冰川消退时留下来的一系列古代冰碛。劳莫得人把从什塔木山口下来的冰川叫什托克拉扎尔。根据他们头人的说法，从他父亲年轻的时候起，这个冰川前进了很多，费洛克桑高的小冰川也是如此（图38）。我们是在比什托克拉扎尔冰川口低1 700英尺的地方，路过费洛克桑高小冰川的。它从西—南西方向过来，伸展进了一个极为平坦的盆地。它有0.5英里长，0.25英里宽。在最后的冰碛底下的扎沃尔亚依拉克，我们第一次看到了白桦树。茂密的白桦树和粗大的杜松沿河边朝下伸展，一直到河与从劳莫得来的河汇流的地方。从劳莫得来的那条河很大，河水是灰色的，说明补给着它的是很大的冰川。在汇流点下游3英里的地方，谷底变得特别窄。路沿着碎石陡坡延伸，十分难走，有的地方路还不到1英尺宽。但再经过两块小农田后，我们突然进入了巴尔坦格谷地，来到了哈依哲孜村的小草地和农田之中。哈依哲孜村海拔约是6 800英尺，当天我们就在那里扎了营。

我用两天时间从哈依哲孜走到了阿姆河上的喀拉依瓦玛尔。这段路只是罗申主谷地的一小部分（我是在高处的索纳普第一次看到罗申谷地的），但已足以让我体会到巴尔坦格河谷是多么难走。巴尔坦格河在汇入阿姆河之前，穿过了很多蜿蜒的峡谷。这也告诉我们，为什么从帕米尔延伸下来的谷地中，罗申谷地是最

图38 罗申的什托克拉扎尔之下的费洛克桑高冰川

难到达的，以及为什么它的居民和生活方式保留的古老传统最多。这些深陷的峡谷两侧矗立着高山（图39、40、41），山顶十分嶙峋，山脚则特别陡峭。它们简直比我们来到巴尔坦格谷地时经过的冰川还要难走。我们从哈依哲孜乘坐山羊皮筏渡到了河右岸，然后马上就得攀上陡峭的哈依帕斯特山，山下是奔腾而过的河水。这

图 39 哈依哲孜下游的巴尔坦格河谷陡坡上的小道

真是一处险要的关隘（即达尔班德或丘萨）。我们看到了矮石墙的残迹，说明有时人们在这里防御敌人。

过了那里之后 2 英里，我们就得在陡峭的石坡上攀上攀下（图 39）。道路特别窄，有时只是几英寸宽的踏脚孔。幸运的是，我

图40　乘坐皮筏沿罗申的巴尔坦格河谷往下游去

图41　罗申的叶木茨村上游的巴尔坦格峡谷

们几个人可以乘坐小山羊皮筏（图40），以避开最难走的阿乌林孜（意为峡谷），但条件是河水不是太湍急，可以用皮筏。在特别擅长游泳的人的引导下，我们乘坐皮筏顺着湍急的河水朝下去，面对着壮美的景色，忘却了一切疲劳。从高高的石壁上方经常可以望见遥远的锯齿状雪峰。石壁从我们身边迅速后退，就好像我们离雪峰越来越近了似的。同时，那些善于爬山的罗申人扛着我们的行李，穿越山崖，山崖的某些部分和我在罕萨见到的一样险峻。

在侧谷的谷口处，不时会有一个小村子，掩映在美丽的胡桃树和其他果树之中。这些可爱的小村和山区与河谷的单调景色形成了强烈对比。我们在里特村和帕古村先后歇了一会儿脚（图42）。从外面看，我观察的民居都是用石块垒成的简易棚户。棚户里面尽管被烟熏黑了，布局却是古代流传下来的风格，看起来非常舒适而有趣。在基本特征方面，如起居的大厅的平面设计、大厅中带天窗的屋顶以及用来坐的平台，都特别像我在塔克拉玛干的古代遗址看到的民居布局，南边兴都库什山的谷地中也有人仍住在这样的房子中。由于坐落在与世隔绝的深山之中，世界的这个小角落几乎没有受到时代变迁的影响。我想，如果古代的某位巴克特里亚希腊人或印欧—锡西厄人到这里来，看到的情景和现在大概没有太大差别。

我在顺谷而下的途中遇到的罗申人（图43），或是后来在喀拉依瓦玛尔测量的罗申人（图44），其身体特征也给我这样的印象。他们四肢细长，由于经常在难行的路上走，所以特别敏捷。他们的五官都轮廓分明，瞳孔颜色较浅，脸部特征很有古典风格。当时我得出了这样的结论：在我经过的这一地区所有说伊朗语的山区居民中，罗申人的阿尔卑斯血统是最纯正的。乔伊斯先生凭着专业知识，分析了我带回来的测量数据和其他资料，结果证实了

图42　罗申的帕古村的胡桃树

图43 在帕古村做人类学测量的罗申人

图44 在喀拉依瓦玛尔做人类学测量的罗申人

我的结论。[1]

9月25日，我从海拔约6 600英尺的帕古村，来到了喀拉依瓦玛尔。这一天的行程是特别有启发意义的。喀拉依瓦玛尔是罗申的首府，巴尔坦格河在那里汇入了阿姆河。在汇入点之前，巴尔坦格河穿过的峡谷甚至比我在上游看到的峡谷还难以通过。在峡谷处，不结实的木栈道紧贴着几乎是垂直的石壁，那就是"路"。

---

1 据说，罗申的女子因美貌而闻名，尤其是因为她们肤色好。我偶尔见过罗申妇女，看来这个名气大概是有根据的。我与喀拉依瓦玛尔的头人一起经过他的房子附近时，看到他家的三代人聚在一起（图49）。他的妻子和母亲皮肤白得就像是欧洲的女士。人群中有两个小女孩，祖母正在用某种野樱桃涂抹较大那个女孩漂亮的红脸颊，以便使皮肤更白。由此也能看出，这里的人也喜欢将大自然的恩赐夸大。

罗申妇女的美貌闻名遐迩。巴克特里亚的国王奥克斯亚特斯的女儿名叫罗克萨娜，她出众的美貌引得亚历山大大帝娶她做了皇后。"罗克萨娜"这个名字大概出自早期的一个东伊朗词"Raukhshāna"。现在罗申这个名字很可能也是由"Raukhshāna"演化而来的。

印度信印度教的各邦有个大概很古老的习俗，那就是不用名字来称呼统治者的皇后，而是用她们家乡的名称来称呼她们。据说，奥克斯亚特斯把罗克萨娜和她的母亲、姐妹放在粟特的一座高山城堡中，以便保证她们的安全。她们就是在那里被擒的。书中没有说奥克斯亚特斯的都城究竟在巴克特里亚的哪个地方。但如果是一位罗申公主嫁给了他并生了罗克萨娜，或是罗克萨娜本身就是他的领地，那么人们很可能用那个地区的名字来称呼罗克萨娜。

当地有一个与此类似的情况：18世纪末的舒格楠统治者的名字叫沙万吉。之所以这样叫，就是因为他的母亲来自万吉。

写下上面的文字之后，乔治·格里尔森爵士给我看了朱斯帝的《古伊朗语词典》，我以前看不到这本书。书上说，另外还有五个人叫罗克萨娜。看来我上面是猜错了。

图49　喀拉依瓦玛尔的罗申家庭

在其中两条峡谷之间有一个风景如画的小村子叶木茨，该村有30多户人家，掩映在胡桃树林和果园中。所有房子都有特别舒适的大厅，或叫阿依宛。大厅前面经常还有敞开的凉廊，以便夏天使用。尽管木器上的雕刻比较粗糙，但我仍能看出某些残留的图案源自西方，并且是希腊—佛教浮雕中常出现的，如铁线莲般

图45 从巴尔坦格河口上方顺着阿姆河河谷看到的景象，阿姆河下游流向喀拉依瓦玛尔

的四瓣花，以及罗马风格的小花。离开叶木茨后，我们乘坐皮筏穿过了最后一条峡谷，在最大的村子舒建村下游来到了谷口。在那里，巴尔坦格河变宽了，并汇入了阿姆河（图45）。这真让我们舒了一口气。舒建村的头人送给我一块带装饰的木雕，是用来放松木片用的，罗申的村子就是靠点燃这样的松木片来照明。

图46 罗申喀拉依瓦玛尔村的米尔的堡垒

　　考虑到前面的行程和现在的季节，我在喀拉依瓦玛尔只能休整一天。这个村子海拔约6 250英尺，我们扎营在一个美丽的旧果园里，临近舒格楠米尔们的堡垒遗址（图46）。除进行不少人体测量和其他工作外，我利用这个机会仔细考察了明巴什·米尔·什克哈克。这是座典型的罗申民居，离巴尔祖特村附近的堡垒约0.5英

图47　喀拉依瓦玛尔的明巴什依房子的古老的木雕门

里远。有人从那里给我带来一块旧木雕。询问之后我才知道，这块木雕出自一副精美的双拱形窗框。由于人们要对房子进行改造，把窗框取了下来，和木料堆放在一起。图47是这副窗框放在原位后的情景，图48是它在大英博物馆临时竖立起来后的情景。门和窗上的装饰的主要设计为阿拉伯风格，但也可以看出一些起源于

图48 窗框

希腊化后期的因素，奇怪的是看起来颇有拜占庭风格。门窗的侧柱上的图案以及两扇门重叠处的图案尤其如此。图案是成行的圆圈，两列波浪线把圆圈串在一起，波浪线在每个圆圈内都围成一个菱形。也可以把图案说成是连续的四瓣花（类似于铁线莲），在犍陀罗的希腊—佛教风格浮雕中常出现这种图案，这样的图案在尼雅和楼兰遗址的木雕中也很常见。侧柱侧面的空白处也填补着半朵半朵这样的花。大量小花也体现出古典风格的持久影响。

那位明巴什依的房子内部结构可以代表所有罗申上层人的房

子（图50），对此，请参阅下面的脚注。[1]那座堡垒是舒格楠米尔的儿子和兄弟常来住的（据说以前舒格楠的米尔统治着罗申），仍残

1　进了外面的门（图47）后，就进入了外厅（dalīz）。细木柱子把这个大厅分成中央过道（i）和两厢（ii），两厢的地面抬高了2英尺，以供人坐。后面有一扇无花纹的门，门后面是一条窄过道（chüt），是全家人起居的地方。这条过道上有两个小凹陷处是小牲畜的过冬之处，右边是给小牛犊的（gaukhāna），西边是给小羊羔的（bajīd）。前者有顶，顶高6英尺。顶和屋顶之间是孩子们睡觉的地方，这样孩子在严冬就可以受益于火炕式的供暖。

另一个凹陷处的顶只有4英尺高，只比起居大厅的另一个与它相邻的平台（arzān）高一些。这个平台比地面高3英尺5英寸，是家里主要的供暖处，由女人来照看。她们还照看Bajīd上方的那间小屋（khanjīn），小屋里还有一个供暖的地方。对面的Arzān上方也隔开了这样一个空间（chirēzek）。Arzān前面有个比它低2英尺的窄平台，叫pish-arzen。这个平台中央是个凹陷处，以便承纳Arzān产生的灰烬。

Arzān对面是尊贵的平台（barnēkh），是给一家之主和他的尊贵客人坐的。它和Dishatak之间的那根柱子有个很引人注目的名称sir-takia-sitan（波斯语的sitūn）。其余三根支撑着屋顶的柱子也各有自己的名称（见图50）和各自的等级次序。对着门口的那个平台（lushakh）和角上连着它的那个平台（kunj）只有2英尺高，是地位不太高的男子坐的。Lushakh前面有条宽宽的木凳子（rārau），微微凹陷，是在冬天的时候喂牛犊和羊羔用的。

Arzān的墙上和其他地方有小凹陷处，用来做壁橱，放零碎的小东西。除Chüt外，即便在富有的家庭里也再没有人待的地方了。

屋顶一律是古代风格的，这种风格在奇特拉尔和亚辛的房子里也能见到。屋顶由四层横梁构成，形成了逐渐变小的长方形或正方形（chār-khāna）。最顶上那层横梁留了一个开口（rōz），可以采光，也能把屋里的烟放出去。

房子的墙特别厚，是用粗糙的石头嵌在灰泥中筑成的，能很好地抵御严冬。但从其他方面来看，罗申的传统家庭建筑虽然比我在瓦罕和舒格楠见到的那种古老的房子要好，但在舒适程度上却不如我在塔里木盆地看到的那些民居遗址，它们可以上溯到公元后几个世纪。

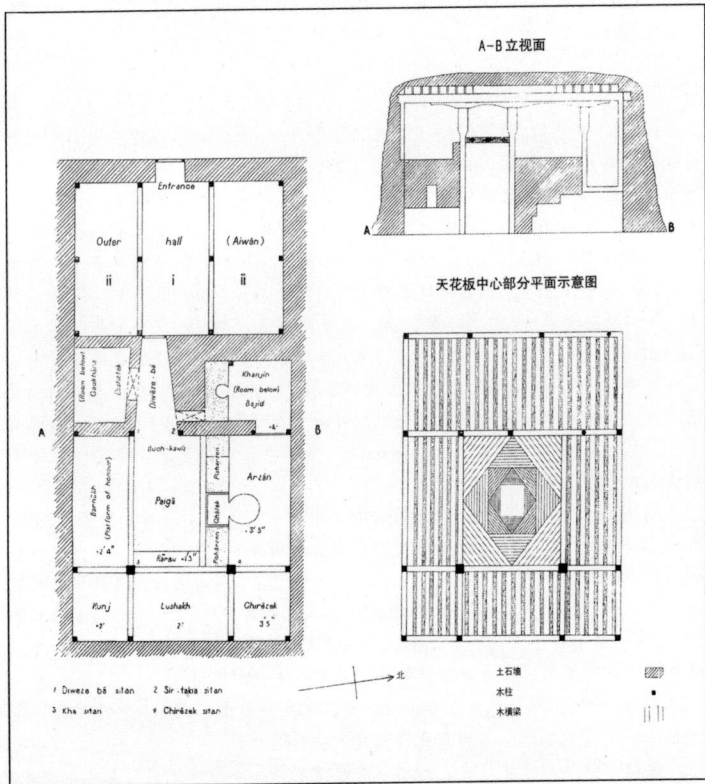

图50 喀拉依玛尔的明巴什依建筑平面图

留着厚厚的外围墙。围墙用粗糙的石块垒成，石块中还插有大树干加固。这种建筑方式从印度西北边界一直到阿姆河流域都很流行。堡垒里面已经严重朽坏，看不出什么明显的当地特色。在那里我见到了穆罕默德·其亚特汗。他是舒格楠最后一位米尔的儿子。前一年，他家人被从喀布尔流放了，他逃了出来。俄国当局允许他回到这里（这里是他的祖先的领地），靠数量不多的津贴生活。舒格楠的米尔们自称是伊朗的沙汉摩什的后裔，是逊尼派（伊斯兰教的正统派，与什叶派对立——译者），而他们的绝大多数旧臣民都是伊斯玛仪派。穆罕默德·其亚特汗五官特征明显，肤色黝黑，确表明他不是本地人血统。

9月27日，我们从喀拉依瓦玛尔出发了，以便穿越最东边的谷地和山脉到喀拉特金去，那里曾是达尔瓦孜公国的领地。而自从1877年起，达尔瓦孜公国就臣服于布哈拉的米尔了。已经接近深秋了，我计划走的路上那些高山口有可能即将因头几场雪而无法通行，所以我必须快点儿走。再加上布哈拉山区的很大一部分已经有人细致地研究过，不熟悉俄国的读者很容易就能找到这方面的出版物，所以我对这部分的描述就比较简略了。

为了到北边与罗申相邻的亚兹古拉密谷地去，我选择了从阿都德山口越过罗申山脉的那条古道。罗申山脉很高，是从塞勒塔格方向朝阿姆河延伸过来的。在我来之前几年，俄国人修了一条马道。在没有马道的时候，要想顺着阿姆河右岸从罗申到亚兹古拉密几乎是不可能的，因为那段河道有很多险要的峡谷。在朝阿都德山口去的时候，我们经过了沙塔利伯的坟墓。他是伊斯玛仪教派的一个著名的圣人，他的墓常有人去。之后，我们沿一条窄侧谷朝上走，一直到海拔10 500英尺的地方，不时会遇到小块的农田和夏季牧场。9月28日，我们从海拔约11 500英尺的沙吉绍加依出发，押运着驮东西的马匹在古代冰碛上走。走了约6英里后，我遇到了一条坡度不太大的冰川，它是山口东西两侧的小冰原补给的，冰川上还有很多小裂缝。最后，在海拔约14 500英尺的地方，我们在覆盖着冰的山口到达了分水岭。这个山口的一个醒目之处就是它东边悬挂着一条美丽的冰川。我们朝北面既可以望到把亚兹古拉密和万吉隔开的山脉，还能望到更远处的顶部覆盖着冰的高峰（它们位于万吉谷地和达尔瓦孜谷地之间）。

我们朝北从山口上下来。最初4英里时，我们不得不在冰川上之字形前进。之后，我们到达了冰川现在的末端。那里是一大块"死冰"，一块巨大的尾闾冰碛矗立在"死冰"前面。在这可以明显地看出冰川最近后退了。这一点的海拔约13 300英尺，从这往下路很陡。就这样，我们从一系列旧冰碛上走过，一直下到了一条峡谷中，峡谷底部长着茂密的白桦和杜松。在与岛德伽谷地会合的那一点以下，河床是一条无法通行的峡谷，路是顺着峡谷上方的陡坡延伸的。我们顺着这条路走，在海拔约8 700英尺的地方遇到了第一块农田。接着，我们在布满大石头的递降的平地上朝下走，这时夜幕降临了，我们只好在遇到的第一块比较开阔的地方扎了营，营地在马陶恩村上游约6英里的地方。

第二天我们下到了属于亚兹古拉密的这个叫马陶恩的村子，一些被从达尔瓦孜派来的布哈拉官员迎接了我。他们的出现使我放了心，看来在我以后的行程中，加盖罗上校已经为我事先做好了安排。同时，看到他们飘飞的鲜艳衣裳和黝黑的脸庞，我意识到阿姆河上游真正的山区很快就要被我们甩在身后了。我们在海拔5 500英尺的马陶恩村短暂停留时，可以感到主河谷中温度比较高。再加上亚兹古拉密人的面貌，更加深了我们就快出山区的印象。他们脸色灰黄，显然是流行在亚兹古拉密下游的疟疾的结果。而且，我看到他们在建房子的时候，已经不把防寒作为主要目标了。

由于时间有限，我当天就朝万吉进发，因此我对亚兹古拉密（当地人称之为牙孜杜木）只能作最简短的叙述。亚兹古拉密南边和北边都是高大的山脉，从东边和顺着阿姆河峡谷般的河道也几乎到不了这里。因此，有很长一段时间，亚兹古拉密都是夹在达尔瓦孜酋长国和舒格楠—罗申酋长国之间的一块无主地带。据说，这里的居民利用这个优势，一旦有机会就不分彼此地劫掠他们南边和北边的邻居。但至少在名义上，亚兹古拉密人承认自己隶属于达尔瓦孜的沙赫。这也反映在亚兹古拉密人是逊尼派上（北边所有的加尔查人都是逊尼派）。有一条路在谷口经过了阿姆河，把亚兹古拉密同河西边的地区联系起来，那些地区以前是属于达尔瓦孜的。这条路是到亚兹古拉密最好走的路。大概就是这个原因，亚兹古拉密与达尔瓦孜才发生了政治联系。但亚兹古拉密的居民

图51 在罗克哈做人类学测量的亚兹古拉密人

（约190户）说的语言却很接近舒格楠语。此外，这里的人们还和
万吉人自由通婚，所以我测量的亚兹古拉密人（图51）在身体特征
上和罗申人明显不同。[1]

---

1 值得注意的是，在亚兹古拉密和万吉（图51、53），甲状腺肿的发病比例都
特别高，而在瓦罕和罗申的山民中这种病却很少见。

从亚兹古拉密出发，我们沿新开通的马道穿过阿姆河阴暗的峡谷（图43）。马道有的地方是在垂直的岩石上炸出来的，有的地方经过了建得很大胆的狭窄栈道。由此我们很容易体会到，以前即便是当地山民想穿过这一系列峡谷都是要冒很大风险的，想把东西运过去则几乎是无法办到的事。过了这段峡谷后，我们可以望到河对岸的大村子左马奇了。从左马奇有很好走的路，既能通到巴达克山的山地牧场，还能顺着阿姆河左岸朝下游去。在那里，就在万吉河注入阿姆河的地方下游，右岸也有几条很好走的小路。据说，自古以来从那里到达尔瓦孜的首府卡拉伊洪布的路，都是可以走马的。

到9月30日早晨我们已经来到了万吉的首府罗克哈。那里的海拔5 600英尺，有很多古堡遗址，现在，统治着万吉和亚兹古拉密的埃米尔的阿姆拉克达就住在那里。天空中出现了阴云，看来斯塔格山口有下雪的危险。于是我第二天就赶到了山口脚下的斯塔格村（海拔6 900英尺）。这一天我们共走了30英里，一路都能看出万吉谷地是很开阔的，有不少农田。只有在巴劳恩附近，我们得穿过一条峡谷（图52）。这里的气候也比较湿润，和帕米尔外缘的那些窄谷明显不同。一直到比谷底高1 000英尺的地方，两侧的缓坡上都可以看到农田。这里的农田不用灌溉，在降雨量正常的年景，庄稼的收成很好。无法耕种的陡坡上长着茂密的树木，村子周围是果园，田地之间也栽着成行的树。宽阔的梯田和谷地的冲积扇于是看起来仿佛公园一般。随着景色的不同，居民也发

图52　巴劳恩附近万吉河上方的小道

生了变化。这里的居民是塔吉克人类型，布哈拉地区所有的山区居民都是如此（图53）。他们大概是古代粟特地区的伊朗种族，比平原上的萨尔特人血统更纯正。他们知道的唯一语言就是波斯语。据我估计，万吉的人口有300户。但我很快就发现，每幢房子（一般是粉刷成白色的大房子）里面都住着几家兄弟或亲属。

图53　在罗克哈做人类学测量的达尔瓦孜人（来自万吉谷地）

　　山上下起了大雨，还夹杂着雪，这使我们10月2日不得不待在斯塔格。好在天空及时放晴了，使我们能在第二天天还没亮的时候就动身。起初朝上走的路虽然陡峭却不难走，那条侧谷（它导向与新伽伯之间的分水岭）覆盖着高山植被，同那些朝什塔木和阿都德山口延伸的峡谷比要开阔不少。从海拔12 400英尺的地

图54 从斯塔格格山口（海拔约14 600英尺）底下的冰碛上朝东南（左侧）和南面（右侧）看到的全景

方朝上，我们就走在覆盖着雪的大冰碛上。绕着一条陡峭的冰川边上的是一堆堆碎石，我们顺着这些碎石堆走。离出发的时间已经有7个小时的时候，我们终于来到了山口的那条窄岭，它的海拔约14 600英尺。从山口只能看到那条大冰川的头部，我们就是

从这条冰川上和旁边下去的。我们在大冰川上走了1.5英里，在很多长长的裂缝之间曲折前进，来到了一块横向冰碛。在对面的一点，冰河折向西北，那里比山口低约300英尺。这时，一片辽阔的景象展现在我们眼前（图54、55）。再往下就是走在难行的横向

图55 从斯塔格山口底下的冰碛上朝西南（左侧）和西面（右侧）望到的全景

冰碛的雪坡上。途中可以看到从南边下来的侧面大冰川（图56）。最后，离山口超过10英里远的时候，我们到达了现在的冰河末端。这条冰河是几条冰川汇集而成的，冰河口高达150英尺。过了冰河口后我们又走了3英里，来到了奇金藻小高原。那里海拔

约10 500英尺，我们在那里宿营了一个晚上。

10月4日，我们顺着从斯塔格冰川流下来的河走，傍晚时分走到了帕什木格哈村，它位于长长的新伽伯谷地的头部。出发后2英里，我们先是走到了河与布尔孜达拉汇合的地方，那里是一条

图56　从南面与斯塔格冰川连在一起的冰河，从海拔约13 000英尺的高度看

图57　在瓦基亚巴拉的达什特依布恩村休整

特别窄的峡谷，谷底几乎被河占满了，余下的地方是山崩后的残留物。过了这之后路就好走了。一路的河边都生长着茂密的大白桦树和杜松，上方比较平缓的坡上长满了草，说明这里的气候比较湿润。在海拔约9 500英尺的地方，我们路过了第一片农田，但早在上游3英里的时候，我们就看到了旧梯田的迹象。在到达帕什木格哈（它是新伽伯谷地中位置最高的村子）之前，我们不得不穿过噶莫河的宽河床，噶莫河是新伽伯河的主要支流。令人高兴的是，我得知1913年在西克莫斯先生的率领下，一支设备精良的大考察队仔细研究并考察了噶莫河河谷，一直到那些顶部覆盖着冰的大雪山脚下（就在两个月以前，我在木克苏上游看到了那些雪峰），而噶莫河河谷还没人考察过。

从海拔约8 500英尺的帕什木格哈，我们轻松地在两天中走了约35英里，来到了拉吉尔克。这个地方位于叫作瓦基亚巴拉的那段新伽伯谷地西段，剩下的那段叫瓦基亚帕延。在这两天的行程中，我们经过了一系列美丽的小村子，它们大多数坐落在河右岸高处的冲积平地上，掩映在果园和树木中（图57）。尽管有迹象表明布哈拉的管理很不善，这些小村看起来却很繁荣。但由于缺乏足够的人手，很多良田都没有开垦。中间那一晚我们扎营在海拔7 400英尺的大村子桑瓦，南边就是麻扎谷地的谷口。从麻扎谷地的头部有几个山口通往阿姆河河谷和万吉。据说，其中驮东西的牲畜只能走维什哈危山口，而且还不是全年都能通行。

这说明，尽管瓦基亚巴拉和新伽伯的其余地段从中世纪以后就隶属于达尔瓦孜，但它和达尔瓦孜位于卡拉依洪布的传统首府之间是很难沟通的，还不如它和喀拉特金沟通起来容易（需经过新伽伯河与苏尔赫河的汇流处）。瓦基亚帕延在人口和经济资源上来讲都比瓦基亚巴拉更重要。拉吉尔克有一个见多识广的人叫米尔—阿克胡。他告诉我，在达尔瓦孜旧王国统治的时候，瓦基亚帕延的赋税据估计等于瓦基亚巴拉、麻扎谷地、萨格里达什特的总赋税。他还说，瓦基亚巴拉的人口有 500 户，而新伽伯的下游部分有 1 000 户。我们下面还将说到，新伽伯和附近的喀拉特金以前有什么联系。

第五节　从喀拉特金到布哈拉

10 月 6 日下起了大雨，我们只好扎营在拉吉尔克附近。那里是阿姆拉克达的破败的总部，海拔 6 800 英尺。但幸运的是，天气放晴了。尽管山上新下了雪，我们第二天仍翻越了噶丹依喀夫塔山口（海拔约 12 200 英尺）。走了 30 英里后，我们到达了喀拉舒拉河，它流在高高的吐普查克大谷地中。西克莫斯先生已经详细描述过吐普查克谷地以及进入谷地的山口，他曾把吐普查克谷地作为自己长期考察的据点。因此，对于这条帕米尔般的谷地以及它南面和东南连着的一系列高大的山峰和美丽的冰川（图 58），我只需作最简单的描绘即可。

吉尔吉斯人把我们宿营的地方叫库里科，海拔约9 000英尺。10月8日，我们从那里出发，轻松地朝上走到了库什布拉克山口。山口所在的那条大山脉一直沿着苏尔赫谷地延伸，北面连着喀拉特金。山口是大山脉上的一个低矮的地方。山口东侧有一座小丘，从小丘顶上望出去，一幅壮美的景象展现在我们眼前。我们可以

图58 从噶丹依喀夫塔下来朝东看到的冰川

图59　从穿过喀拉特金的库什布拉克山口看到的山脉，这条山脉矗立在苏尔赫河和木克苏河谷上方

望到西边的彼得大帝雪山、大阿赖山脉，以及吐普查克上方被冰川环绕的山峰。图59中的全景照片只是我们看到的情景的一小部分，拍的是俯瞰着喀拉特金最高处的山脉，右边远处是塞勒达拉和木克苏上方的大冰峰，我们是在塔尔萨加山口第一次望到这些冰峰的。两个月来，我们在帕米尔地区和阿姆河上游边的高谷地中进行了有益的漫游，现在终于又回到须密驮山谷以及我希望追

寻的古代丝绸之路上来了。这真是一件令人高兴的事。

　　我们从库什布拉克高地的最北边往下走，走过了宽宽的山和平地。这些山和平地夏天的时候牧草很丰盛，但现在较高的部分已经被雪盖住了。之后，我们下到了开阔的苏尔赫谷地中。我们路过了肥沃的山坡，那里的雨雪很充足，不用灌溉就可从事农业。我注意到，海拔约 8 000 英尺以下的地方才刚刚开始收割。而海拔

10 000英尺以上的瓦罕的庄稼早在一个多月之前就已经收割完了，说明这里的气候比瓦罕要湿润得多。我们在谷底遇到的第一个村子叫奥依塔尔，海拔约6 100英尺。在那里，我发现自己又置身于说突厥语的人们之中了。这些定居的吉尔吉斯人建立的村庄都很舒适，沿着谷地从喀拉木克一直延伸到喀拉依拉伯依阿伯。房子排列得很紧凑，还有美丽的果园和树木，使我联想起了中国新疆山脚下的村庄。喀拉特金有肥沃而面积广大的可耕地，并且很容易到富饶的牧场去。从一开始我就认为，这些特点早在很久以前就把突厥人吸引了过来，而现在的吉尔吉斯人不过是最后一批突厥人而已。

我们在喀拉特金宿营的第一个地方叫卡尼什伯克。从那里我们走了两天，一直走到了加木。一路上，我们充分体会到了喀拉特金谷地丰富的农业资源，这以前必定给经过这里的交通提供了很多便利。无论是在左岸的冲积扇上还是肥沃的平地上，灌溉水源都是有保证的，因为彼得大帝山脉的雪和冰川哺育了很多溪流。河右岸离泽拉夫尚的积雪比较远，灌溉水源没有左岸那么充足。但我们看到，只依靠雨水的梯田一直伸展到比河高1 200英尺的地方。在喀拉依拉伯依阿伯，从劳里喀威山口下来的溪流汇入了苏尔赫河。从那里再往下，谷底都特别开阔，十分好走，使我不由得想起了斯瓦特。当地人估计，喀拉木克和加木之间的河左岸共有80个村子，人口约3 000户，这一点也不夸张。但有证据表明，人们还远没有完全开垦所有的可耕地，谷地的上游部分尤其如此。

根据我观察到的居民的民族特征，很容易找到这个现象的原因。据当地人说，两个世纪之前，一直到加木的整个喀拉特金谷地都是吉尔吉斯人占据的。但现在他们的属地到喀拉依拉伯依阿伯便终止了，让位于说波斯语的塔吉克人的居民点。喀拉特金本是伊朗的土地。从喀拉特金现在的名称以及当地的常见地名看，很久以前说突厥语的民族就占据了这里。吉尔吉斯人大概只是最后一批侵入的突厥人。有趣的是，现在从达尔瓦孜、泽拉夫尚谷地和西边的其他地方不断有塔吉克人移民到这里，把吉尔吉斯人又逐渐从这片土地上排挤了出去。

吉尔吉斯人仍遵循着半游牧生活的传统，夏天仍迁到牧场去，这使他们从土地上收获的农产品不如他们勤劳的塔吉克"邻居"那么多。塔吉克人于是找到机会，越来越多地买下吉尔吉斯人的土地。而吉尔吉斯人靠出售土地的钱又购进了更多的牲畜，他们常喜欢迁移到大阿赖谷地和北边的草原去，在那里他们就可以完全依照自己的传统方式生活了。这里的"和平收复土地"的过程也是有其历史意义的。这会有助于我们更好地理解，为什么过游牧生活的入侵者一次次把土地从古粟特地区的伊朗本地居民手里夺下来，伊朗居民却能在平原和低山地重新占有大份额的土地。在喀拉特金，旧时代的统治者和后来达尔瓦孜继承他们的人们都支持这一过程。尽管他们自己不是伊朗血统，但他们却发现，统治起驯顺的塔吉克人来，比和自己的土地联系不是很紧密的吉尔吉斯人及乌兹别克人更容易。而且，我在经过喀拉特金的时候得知，吉尔吉斯人常娶塔吉克妇女为妻。这又是另一个强有力的同化过程。通过这一过程，塔吉克本地人逐渐改变了他们的突厥族征服者的种族特性（虽然这并不能将突厥人完全同化过来）。

我们经过了兰干依沙（那里曾是河左岸的中心地方）和其他掩映在美丽的果园和树木中的大村子（图60），在10月10日来到了加木。那里是当时为布哈拉的埃米尔管理喀拉特金的米尔的驻所。我在"达克瓦"的大花园里受到了热情欢迎，并休整了一天。这一天时间里，我有机会看到在宁静而落后的西突厥斯坦地区，官方仍像中世纪一样讲究排场。我还得知了阿姆河以北的库拉伯、巴珠宛、希萨尔等地区与科坎、马尔吉兰进行的贸易（主要是马、羊和羊毛），喀拉特金仍是这些贸易的一条主要交通线。这种贸易走的路在加木上方沿谷地右侧朝上走。加木是两条交通线汇合的地方，一条来自西南的希萨尔，另一条来自苏尔赫河的末端部分（瓦克什阿伯）与阿姆河之间的地区。看来，加木自古以来就是喀拉特金的一个重要地点。

过了苏尔赫河与新伽伯谷地汇合的地方，河谷大大变窄了。在离加木两天路程的距离之内，有很大一段河谷商旅是无法通行的。我们10月12—13在去阿布依伽尔木的途中，经过了很多村庄，这些村子大多数坐落在肥沃的侧谷中，或是在比苏尔赫河高不少的高原上。第二天行程快结束的时候，我们离开了主河谷。在那之前，我们从高处望到了漫长而蜿蜒的河谷，苏尔赫河就从这样的峡谷中穿过，之后在下游很远的地方（接近了阿姆河平原）

图60 喀拉特金的叶尔克哈伯村的清真寺

才流出了峡谷。我们沿一条峡谷朝上走，来到了宽阔的阿布依伽尔木高原盆地（海拔约4 200英尺）。

在这里，我们算是到了喀拉特金的最西端，也是古代丝绸之路的山区部分的末端（我们是在阿赖谷地中第一次追踪到古代丝绸之路的）。前面已经说过，托勒密说的"须密驮谷地"就是喀拉特金。现在我们只需简述一下提到这一地区的中国文献，这些文献证明喀拉特金的确就是"须密驮"。文献中最早的是玄奘说到"拘谜陀"的那部分。他曾提及在他公元630年朝印度去的时候，吐火罗包括哪些小国。关于"拘谜陀"的那段文字就出现在那里。玄奘本人并没有去过"拘谜陀"，但他说，"拘谜陀"在"珂咄罗"的东边。"拘谜陀国东西二千余里，南北二百余里，据大葱岭中。国大都城周二十余里。西南邻缚刍河，南接尸弃尼国。"这里说的相邻国家的方位，以及"拘谜陀"国的长度，都证明说的是喀拉特金。人们早已意识到了这一点。"珂咄罗"就是早期阿拉伯地理学家说的"科塔勒"，包括苏尔赫下游（即瓦克什阿伯）东边的地区，如巴珠宛、库拉伯等，而尸弃尼就是南边的舒格楠。

《唐书》中有一些信息，可以作为玄奘的记载的有益补充。《唐书》在说到舒格楠和瓦罕的时候，中间有段文字："俱密者，治山中。在吐火罗东北，南临黑河。其王突厥延陀种。"（《新唐书》卷二二一下——译者）那里还说，俱蜜在尸弃尼（即识匿）西北500里。公元642、719、742—755年间，俱蜜国有使来朝。公元658—659年中国最终战胜了西突厥后，设立了行政管理机构。从那里我们得知，在俱蜜国的"褚瑟城"设立了"至拔"州都督府。但书中没有标明这座城的位置。

玄奘的记载和《唐书》恰好可以互相补充。在玄奘的文字中，充分体现了喀拉特金顺着苏尔赫河延伸的领土的长度。而《唐书》

则说出了喀拉特金相对于舒格楠的方位，以及两个地区的主要地点之间的大致距离。我们应该考虑到，当时新伽伯和万吉小谷地可能受到喀拉特金的控制，正如19世纪初期喀拉特金受到达尔瓦孜的控制一样，这样我们就可以理解为什么《唐书》中提供的距离是那样的了。

我还要提的是，悟空大约在公元786年从吐火罗斯坦来的时候，经过了"拘密支"，即喀拉特金，然后才到了"识匿"(舒格楠)。在这两个地点之间，还有一个"惹瑟知"地区，我不知道这个地方在哪里。

10月14日，我从阿布依伽尔木出发，把从帕米尔地区下来的最后一条谷地也甩在身后了，其中包括我能仔细考察到的阿姆河流域的最西部地区。考虑到我在回到印度之前要到下一个目的地遥远的锡斯坦去，并且要在那里工作，时间是很紧的，这迫使我沿最近的路以最快的速度到撒马尔罕的穿越里海地区大铁路去。我们在九天里匆匆走了270英里，经过的都是人们比较熟悉的布哈拉山区，途中几乎没有机会进行细致考察。我是如此匆忙地穿过了古代粟特地区的重要部分，我对这些地区的描述只能是最简略的，无法在此探讨关于这些重要地区的历史地形学问题。

前四天，我们走在阿姆河的支流苏克汉河和卡菲尔尼汉河流域的开阔河谷平原，那里本是独立的小国希萨尔的属地。这块肥沃的地区对早期入侵粟特的人特别有吸引力。我穿过阿布依伽尔木和法依孜阿巴德之间的分水岭的途中，一路经过了很多极好的牧场。这些牧场，以及从希萨尔山脉朝南延伸的那些谷地头部的牧场，都属于希萨尔的乌兹别克人所有。他们夏天的时候，赶着羊群和牛马群到这些牧场来。而且，谷地下游还有足够的雨雪可以从事农业。这些条件都特别适合过舒适的半游牧生活。因此，从中亚来的征服者（如月氏和他们后来的突厥人）都特别青睐希萨尔地区。这里和喀拉特金一样，塔吉克人的耕地在缓慢而持续地扩展，也进行着和平收复土地的过程。在分水岭附近的缓坡上，这些勤劳的伊朗居民的土地仅限于繁茂的牧场中间的小块开垦的耕地。而在谷地下游，如繁华的村落集市法依孜阿巴德（图61），相当一部分土地在很久以前就落入塔吉克人的手里了。有时他们是佃农，有时他们就是土地拥有者了。

我们在三天里都绕着一块肥沃的大平原的北边走，途经杜尚别、喀拉塔格和雷加尔。平原上最富饶的可以进行灌溉的土地仍掌握在乌兹别克人手里，但劳工却主要是塔吉克人。占统治地位的乌兹别克人生活方式很保守，仍然坚持着半游牧的传统。许多乌兹别克村民家的院子里都安着喀帕，即可携带的盖着毡子的芦苇屋，它们是在夏季牧场用过之后收回来的。乌兹别克人显然更愿意住在这些喀帕里，而不喜欢住周围那不坚固的泥屋。这与村子中塔吉克人居住的部分形成鲜明的对比，也与塔里木盆地的农业居民点截然不同（这里的自然条件和突厥语地名都让人想起塔里木盆地来）。

为了缩短路程，也为了看一看把希萨尔地区与西边的布哈拉

图61　希萨尔的法依孜阿巴德村（是个集市）

平原隔开的那些山区，我选择的路从撒依珠依出发，经过塔什库尔干到萨赫里萨布兹。这样我就没有看到很大一段古代大道。那段大道从阿姆河上的铁尔梅兹出发，经过希拉巴德和达尔班德，到达撒马尔罕、布哈拉等粟特古代城市去。玄奘穿过铁门山，走的就是这条路。穿过桑加尔达克村下游的峡谷（图62）朝上走时，有些地方走得很困难。而且，远处的喀克忽什很高（海拔约 11 000 英尺），并且已经有积雪了。所以，现在从希萨尔方向来的交通都顺着大路绕道，经过了巴依逊和达尔班德。一直到海拔约 7 000 英尺的美丽的山坡上都有很多树木。而且，过了山口后朝塔什库尔干村延伸下去的高原上也有丰富的牧草。这说明，尽管这里离布

图 62　希萨尔的桑加尔达克下游的峡谷

哈拉的干旱草原很近，但气候条件也是很宜人的。之后我们又翻过了一座美丽的高原基那克，从阿姆河北边来的乌兹别克人常来这里放牧，他们被称为孔格拉德。10月20日，我们来到了萨赫里萨布兹城。它所在的那条灌溉条件良好的河谷是朝卡尔希延伸的。第二天，我乘车越过塔克塔卡拉查山口和俯瞰着泽拉夫尚谷地的那座宽阔高原，一路烟尘滚滚地来到了撒马尔罕。

　　在山区艰难跋涉了三个月后，我的行李和器械都需要大修了。再加上有其他工作要做，我在这个繁忙的大城市里待了两天。自从我1901年来过之后，撒马尔罕属于俄国的部分看起来又大大地扩展了，比以前更像是一座东欧的城市。我以前曾拜访过这里帖木儿（公元1336—1405年，帖木儿帝国创建者，兴起于撒马尔罕——译者）时代的纪念碑，我这次就查看了位于现在城东的阿夫拉西阿卜高原，那里布满了碎石丘。那就是粟特国的古都，也就是中国史书中说的"康国"或"萨末鞬"，亚历山大的历史学家称之为马拉坎达。最近这些年，俄国政府禁止在这巨大的碎石堆中挖掘古物。大概由于采取了这个正确的限制措施，当地商贩的店铺除了有几块陶像碎片，就没有别的东西了。奇怪的是，这些碎片真有点像约特干出土的陶器碎片，而且要价极高。

　　10月25日，我乘坐穿越里海铁路的火车来到了布哈拉。布哈拉是古代粟特国的另一个著名的中心城市，中国史书称它为"安"或"布豁"。我1901年路过这里的时候，当局不许我到这座城市和 Khanate（可汗统治区）的其他部分去。现在，我在布哈拉短暂停留，并为我在布哈拉地区得到的所有帮助和关怀，亲自向埃米尔政府的代表库什伯克依表示最诚挚的谢意。在探访那个有历史意义的柜子之前，我还得以在俄国的卡甘向舒勒加先生表示了真诚的感谢，我之所以受到这么热情的接待，就是他向俄国当局推荐了我的缘故。我在布哈拉待的时间虽然不长，却看到了标志着它中世纪辉煌的那些纪念物，也对自古以来大概就在西突厥斯坦这片主要的河尾间绿洲中进行的繁忙贸易有了一点体会。10月28日傍晚我告别了布哈拉，同时也告别了粟特土地。当时我一点也没有想到，在随后的几年里，布哈拉的人民会遭受那么多苦难和挫折。

第二章

在呼罗珊的东部

第一节　从阿什哈巴德到马什哈德

1915年10月29日，我坐火车到达了外里海地区省的首府阿什哈巴德。由于俄国的边境管制在战争时期更严格了，我不能顺着一条更短也更有趣的路，即从杜沙克经过卡拉提纳迪里到马什哈德去（马什哈德是到锡斯坦去的第一站）。到了阿什哈巴德后的第二天，由于布哈拉领事馆的友好介绍，我得到了穿过边境的许可。阿什哈巴德有很多被战争赶到这里来的波兰农民，使人觉得欧洲的东线战事离我们已经很近了。此外，这个重要的地点给人的感觉仿佛是印度西北边境的某个军事哨卡，而周围的环境又像是昆仑山或天山的光秃秃砾石缓坡脚下的某一片小绿洲。10月31日，我离开了阿什哈巴德。

阿弗拉兹·古尔押运行李沿着比较好走的路走。我则坐着一辆俄国轻便马车，穿过了边境上的那条山脉，并在当晚到达了波斯的边防站巴吉兰。在那里古昌地区库尔德人的伊儿汗蒙古人（公元1256—1353年，伊儿汗蒙古王朝统治着伊朗——译者）酋长给予我极为热情的接待，并骑马护送我。第二天，我坐车走了50多英里，穿过美丽如画的谷地，越过阿拉曼里克山口，来到了古昌城。之后我坐车走在烟尘滚滚的路上，穿过开阔的谷地，这些谷地是从阿特拉克河源头的那条很难分辨出来的分水岭两侧延伸下来的。两天后，即11月3日，我来到了马什哈德。

马什哈德是呼罗珊的故都。我在英国总领事沃尔瑟雷·海格上校那里受到了最热情的欢迎（如今他已是爵士）。因为要等行李，同时还要为将来的行程做准备，为此我在马什哈德停留了一个星期。沃尔瑟雷爵士是位杰出的学者型外交家。他和夫人在家里十分好客地接待了我，使我这一星期过得极为愉快惬意。我在处理烦琐的官方账目方面，得到了领事馆的帮助。此外，沃尔瑟雷爵士还给了我特别好的忠告，告诉我在前面的行程中应采取什么样的安全措施。

波斯（指伊朗国——译者）的西部边境如今处于战争状态。而且，德国军队还打算从克尔曼进入阿富汗，这给波斯—阿富汗边境附近的呼罗珊偏远地区造成了极为不安的局面。在这条边境线上，北边的俄国军队和南边的英国印度军队有几支特别分散的小分队，形成了一条脆弱的警戒线。这条警戒线根本无法制止大批从阿富汗方面来的劫匪侵扰从马什哈德到比尔詹德和锡斯坦的交通线。边境线两侧的地方大多是沙漠，这大大方便了他们的活动。在喀什噶尔的时候，帕西·塞克斯爵士劝告我，在从马什哈德到锡斯坦去的时候，选的路线要在一般人走的大路的东边，经过托尔巴特海达里耶、卡伊恩和比尔詹德。这样走，一方面经过的地方人们知道的比较少；另一方面还能路过大概有考古学价值的几个地方。

在马什哈德我得知，我计划走的这条路虽然离阿富汗边境很近，但由于走的人少，所以我这一小队人比较容易避开不必要的注意，遇到不幸事件的风险也相对小些。我还发现，有一小队哈扎拉（住在阿富汗中部山区的蒙古血统民族——译者）民兵，是从居住在马什哈德东南的以前的印度兵中征召的，准备到锡斯坦去服役。他们可以把我的旅行笔记、照片资料和储备的金子安全地护送到锡斯坦去。于是我就再没有什么顾虑，更一心要坚持原定的计划了。同样令我高兴的是，从总领事馆军事参赞的地图资料来看，我要走的这条路线还从未有人系统地考察过，因此，我们带着平面仪器沿途进行测量，会对将来的人们有好处。

在马什哈德停留的这繁忙的几天里，测量员阿弗拉兹·古尔以及设营帐的人员与我会合了。而且电报中也传来了令我放心的消息：我收集的那些文物已经安全到达临时存放地斯利那加了。遗憾的是，我一直忙于整理已经拖后很久的账目和其他案头工作，几乎没有时间看一看外面这个有趣的城市。但在好客的领事馆里以及它美丽的大花园中，我好像回到了某个欧洲乡村别墅一样，在那里受到的所有善意关怀和帮助都使我十分振奋。11月11日，我动身到锡斯坦去。考虑到要走的路程很远，而且当时波斯的局势十分紧张，我更加感激沃尔瑟雷·海格爵士了，因为他采取了一切可能的措施来确保我能迅速前进。我也不能不提一下那些强悍的赶骡子的波斯人和他们的牲畜。他们使我总共用了21天的时间，其中没有一天的耽搁，走过了500多英里长的路，而且大多数时候经过的地方还都是荒山或沙漠。

第二节　经过波斯—阿富汗边界

我从马什哈德到锡斯坦共用了三个星期的时间，这使我对所经过的山区和谷地的自然状况、生活条件有了个总体印象。这些山区和谷地是现在的呼罗珊的东部边境，北边是海里鲁德地区，南边是一些内流沙漠洼地，波斯—阿富汗边境线就从这些洼地中穿过。但由于我只能走得特别快，所以对当地的地理和居民状况都没有进行仔细的考察。在大战后期，印度的考察队系统测量了这里的地面，在此我就没必要说这些地方的地貌特征了。从那以后，我也没有时间研究和这些地区的历史有关的资料。再加上写作的时间和本书的篇幅都有限，所以在记录这段路程的时候，我只限于说一下我们走的是什么路线，并简短描述一下我在路过的时候，注意到了什么有考古学和民族学价值的东西。

走了两天后，我来到了法里曼，它位于从马什哈德到赫拉特的主干道上。途中我们在桑巴斯特村停留了一下，这使我有机会访问了附近的古城遗址。据说这座古城是阿亚孜建的，他是加兹尼的马哈穆德的一位瓦齐（伊斯兰国家的高级行政官员——译者）。那里仍矗立着的建筑遗存只有坚固的圆顶建筑和高塔，塔上有雕刻精美的花砖装饰。据说这两个建筑都是阿亚孜建的，因此，它们就称得上是伊朗现存最早的伊斯兰建筑了。研究近东艺术的学者迪埃孜博士曾经仔细研究并描述过这些有趣的遗址，所以在此我只是提一下罢了。

在去法里曼的途中和过了法里曼之后的很多地方我们都容易看出，在俄国占领里海地区之前，居住在呼罗珊这部分地区的爱好和平的波斯农民，由于北边土库曼人抢劫奴隶的活动和劫掠，遭受了长期的苦难。这里肥沃的可耕地大部分虽然不需要灌溉，但只有一小部分被实际耕种了。另一方面，村子里和田野中仍矗立着很多座塔。这些现象都反映出以前那些劫掠的影响。从前，当席卷山区和谷地的土库曼人突然出现时，人们匆忙之中就躲到塔里。在法里曼，一个叫米尔·穆罕默德的年老的台克土库曼人，在领事馆的命令下加入了我们的队伍，陪我们走了两天（图63）。我满怀兴趣地欢迎了这个人，他可以说是那个劫掠时代的一个具有历史价值的"遗物"。1885年的潘加德赫之战后，他和20多个本部落的人追随了英国，离开了后来成为俄国领土的那个地方。

图63 法里曼的台克土库曼人米尔·穆罕默德

他和这些流放者中的其他6人如今被雇作信差，每周从赫拉特给领事馆取信件，这些信件是从杰曼（在今巴基斯坦——译者）那个印度铁路的起点经过阿富汗领土到马什哈德的。他年轻的时候曾多次参与劫掠活动，很乐意谈起他帮着扛走的一个个奴隶，以及在这些活动之前的长期夜行军。

我从他那里得知了这些劫掠的细节，这才知道为什么劫掠者走了那么远的路，为什么他们的行动总是很秘密（他们的成功就有赖于此）。他们得穿过边境线上的那个山区。由于山区临近土库曼人的牧场，是毫无人烟的，所以这些劫掠小队给自己的人马带的口粮只够前三四天用。之后，他们从事先定好的波斯村子那里获得物资。这些村子的居民如果答应保守秘密（突袭是成功的基本条件），就可以幸免于难。有了这样周密的计划，再加上土库曼人的马跑得特别快，特别有耐力，使他们完成了很多"壮举"。在一次著名的劫掠中，他们一直来到了南边的锡斯坦，劫走了很多战利品。有趣的是，米尔·穆罕默德有一种不露声色的优越感，说明他很自豪自己所属的是几百年来伊朗人谈虎色变的一个部落。同时他的五官很俊美，完全没有蒙古人的特征。这表明整个土库曼种族中都已经掺杂了伊朗人的血统，西亚的许多其他突厥族入侵者都是这样。在这位令人愉快的土库曼人的陪伴下，我意识到波斯史诗传统中的图拉尼亚人和拜火教典籍中的图尔亚人，很可能和耕种着伊朗肥沃绿洲的那些邻居是同一血统，说的是同一种语言，而伊朗人却世代把他们看作敌人。

之后的两天中，我经过骷髅塔山口，翻越了南边的山脉。这条山脉的两坡分别被哈扎拉蒙古人和俾路支人占据着。他们仍过着半游牧的生活。从他们的生活方式上可以看出，波斯过着定居生活的农民，一次次缓慢地同化了本来过着游牧生活的入侵者。我们穿越了巴哈尔兹大谷地，从南面的山脉中有不少水流进这个大谷地中。11月15日，我们经过了西玛塔巴德、喀拉伊瑠、阿伯尼亚等村子，它们都掩映在果园中，比我们在去锡斯坦的途中看到的任何村子都吸引人。

与此形成强烈对比的，是这条山脉的南坡。我们在11月17日来到了南坡上荒凉的鲁伊哈夫城。它破败的泥围墙里面已经被废弃，奇怪地使人想起了穿过疏勒河河谷大道沿线的废"城"。鲁伊哈夫这条小河流入了那些宽阔的沙漠洼地中最北边的那个。这些洼地中有盐湖或沼泽，南北连成一线，把呼罗珊的山区和高原与东边阿富汗高原的脚下隔了开来。在鲁伊哈夫，我满以为今后几天要连续穿过荒凉的地区。然而仅走了3英里后，我们就来到了小绿洲哈吉尔德，这真使我又惊又喜。在那里的一座古代堡垒和几座圆顶泥屋（就是村子）附近，矗立着一座美丽的马德拉什（意为学校，伊斯兰国家的一种高级教育机构——译者）。这是提木里德·沙鲁克王在公元1444年建的。这座建筑比例很匀称，是个优雅的四边形（图64），周围是两层带圆顶的房屋。大门带拱顶，朝东。撒马尔罕和布哈拉建于这一时期的很多大学中的建筑都是这样的布局。迪埃孜博士以前就详细研究了这个遗址，当时这个遗址最引人注目的地方，即是正面装饰着的精美的彩色瓷砖和正对着方形庭院的墙受到的破坏还比较小。所以这方面我就不多说了。

大多数地方的土坯烧得很硬，质量极好，经受住了时间的考验。瓷砖保存得也很好，它们拼成优美的植物图案或蔓藤花饰，

图64　哈吉尔德附近的马德拉什遗址庭院的西北角

色彩和谐，盖住了大部分墙面。但不幸的是，这种美丽的装饰也吸引了那些想要迎合西方人贪婪口味的人的注意。由于土坯特别硬，而嵌在土坯上的瓷砖特别脆，所以那些人在剥下一部分墙面装饰的时候，必然造成了很大的破坏。我发现方形庭院里的地面上，全都是散落的土坯碎片，碎片上仍保留着色彩鲜艳的釉质。当地人说大部分损坏，都是驻扎在巴拉巴德村，以及俄国与阿富汗边境线上其他地方的哥萨克军官让自己的手下人干的。高高的拱形大门两侧矗立着两个圆顶大厅，它们的墙上和龛中装饰着富丽的彩绘泥塑（图65）。这里淡蓝色或镀金的精美植物图案处理成浅浮雕，受到的破坏比较少。以寸草不生的小山为背景，旁边是

图65　哈吉尔德的马德拉什里的佛龛，带有彩绘泥塑

一片小绿洲，这个色彩绚丽的高贵建筑集中体现了波斯艺术和文化的最优秀特征。遗憾的是，由于时间紧迫，我没能访问西南方24英里外的祖赞村，那里的遗址是沙鲁克王的又一个马德拉什。

我们从鲁伊哈夫开始就进入了一个地带，这个地带的农业几乎完全依靠坎儿井来灌溉。我们在进入纳马克萨尔盆地的途中，经过了巴拉巴德和桑甘这两个美丽的村子。从这两个村子中我们可以看出，波斯农民凭着自己的勤劳，依靠坎儿井，在干旱的荒野中取得了怎样的业绩。这两个地方的一个醒目特征就是美丽的柏树林。这些柏树是人们精心栽种的，以便抵挡住从东北方刮来的大风，否则大风就会毁坏庄稼和其他植被。现在这里的风之所以是这个风向，并且这样猛烈，是由这个低洼的沙漠盆地中的对流作用引起的。大风、光秃秃的砾石平原、极少的发咸的地表水，这些都使我不由得回忆起罗布泊南边荒凉的缓坡。

这个环境中同样也有被废弃的遗址。当我们接近破败的小堡垒木吉纳巴德周围那些简陋的小泥屋时，经过了一片碎石区，像常见的塔提那种类型，延伸了约0.5英里。当晚我们就在那里宿营。根据从当地人那里获得的信息，这个遗址本是座"古城"，一直沿用到阿巴斯王的时候。我们在那里捡到了几块上釉的陶器碎片和带装饰的青铜碎片，这些遗物都完全与当地人说的年代相符。据说这个地方以前叫马尼加巴德，是以阿夫拉西阿卜的一个女儿命名的。

11月20日，我们走了35英里路，越过纳马克萨尔盆地边上的

图66　从南方看到的塔巴斯依马泽纳城

一条光秃秃的低矮山脉，来到了巴姆鲁德。我们一路上没有遇到人家，只在一个地方看到了牧人偶尔使用的水井。巴姆鲁德小村坐落在一条荒凉的宽谷中，谷地朝东汇入另一片洼地。那片洼地中在阿富汗边境附近有一片咸水沼泽。从阿富汗方向来的强盗经常走穿过那片洼地的路，巴姆鲁德却一直能安然无恙。人们怀疑巴姆鲁德给阿富汗强盗们提供了一个方便的物资供应站，这种猜测也不是全无根据的。最近有一伙人在卡伊恩和托尔巴特海达里

耶之间的大道上抢劫了一支大驼队，据说这伙人正在回去的路上。根据当地人的建议，我们在这个安全的地方休整了一天。

　　之后我们朝正南方走了两天，穿过阿辛加恩和古莫，来到了盖兹克宽谷地。在穿越的山脉北坡上，我们路过了三个小村子，其中古莫村居民的相貌和语言像阿拉伯人。这使我想到，我所钟爱的中亚土地这下真的在我们身后了。从人口比较多的盖兹克村出发后，我们在11月24日来到了宽阔的高原谷地塔巴斯依马泽纳。

这个谷地的自然特点和考古学价值比较值得注意。谷地十分开阔，看起来够荒凉的。无论谷地上流有什么水，早在谷地汇入第三处沙漠洼地（名叫大石提瑙麦德）之前，水就消失在覆盖着土和砾石的大准平原上了（准平原两侧是光秃秃的小山脉）。但以前广泛采用的坎儿井灌溉体系可以维持大面积的农业用水，比现在塔巴斯地区400多户人家耕种的田地面积要大得多。

那座很大的带围墙的古城（图66）就证明了这一点。它周围有很多破败的民居遗址，说明这座古城以前只是一个大得多的居民点的核心部分罢了。从考古学角度来讲，围墙里面那一层又一层带圆顶的土坯小建筑的确能给人不少启发。底层"房间"大概以前某个时候曾被当作马厩，里面垃圾一直堆到圆屋顶。这些垃圾大概是从上面房间地板上的大洞掉下来的，把底下的屋子变成了垃圾箱。在很多地方，上层的房间也发生了同一现象，于是人们在顶上又盖上房间。这个遗址是个很好的例证，它告诉我，1907年我在米兰公元8—9世纪的吐蕃戍堡拥挤的营房中挖掘的那些垃圾堆是怎样慢慢积累起来的。显然，那里的人们也发现，在顶上新盖泥屋子比清理越来越多的垃圾更容易。

这座城如今大部分地方已经被废弃了。离开它后，我们沿着去达斯特吉尔德的路走。在5英里多的距离内，我们经过的是一块块精耕细作的农田和光秃秃的砾石高原交替出现的地方，还有不太古老的被废弃的村庄遗址。在胡鲁马克村西边，我看到了一块塔提的碎石区域，看起来比那些村子要古老得多。南边另一个村子的居民把它叫作萨赫里劳坎。人们说在这里曾偶尔发现过文物。但除了大量有釉和装饰的陶器碎片，我没有发现别的遗物。它们表明这个遗址沿用到了中世纪后期。值得注意的是，安德鲁斯先生指出，有些碎片属中国制造的陶器。如果能确定这样的碎片的大体年代，就会有助于我们判断多数当地陶器的年代。

当晚，这个地区的老奈伯穆罕默德·玉素甫汗在他城堡般的大宅院中十分热情地接待了我。关于为什么塔巴斯如此荒芜，他说不出个所以然来。据说，现在人们用的12个坎儿井中的水足够灌溉如今耕种的农田了。只要有钱，很容易就能建更多的坎儿井。这个地区的不安定状态使人们无法筹集到必需的资金，而由于以前土库曼人时常劫掠，人口一直难以增长，所以还没有什么压力使人们想建坎儿井。

第三节　进入赫尔曼德盆地

达斯特吉尔德的地下水和盖兹克谷地一样，都流进了同一片沙漠洼地。我们从达斯特吉尔德轻松地走了两天后，来到了杜鲁赫绿洲。它坐落在一个大盆地的最西北端，赫尔曼德河的尾闾就注入了这个大盆地。这两天我们没有走那条通常走的车马道，而是沿一条更直的路线走。这条路线是顺着一条破碎的山脉顶上延伸的，小山脉把杜鲁赫谷地同朝阿富汗边境倾斜下去的那条宽沟隔了开来。我们在这些石山中看到了很少几块牧人耕种的小田地，它们完全依靠泉水（灌溉）。尽管这一带的海拔近6 000英尺，却无法仅仅依靠雨雪进行耕种。这说明我们接近的地区气候是十分干旱的。

杜鲁赫村有300多户人家，坐落在一座陡峭的圆锥形山下，山顶上有一座小堡垒遗址。在这条宽阔而荒凉的谷地中，杜鲁赫村是一片小绿洲。11月27日，我从杜鲁赫村出发，去探访了加拉科这座山区堡垒。我是从达斯特吉尔德的奈伯那里第一次听说它的。我发现它的确是个特别有趣的古老遗址。我们的营地在绿洲南端附近，海拔约4 000英尺。从那里出发后朝东南走，顺着覆盖着灌木的砾石缓坡朝上走5.5英里，就来到了加拉科这座孤立的高峰脚下。在我们前一天的行程中，它都像个路标似的，极为醒目。被侵蚀得厉害的山坡经过一条峡谷朝南倾斜。我们顺着峡谷上方的一条陡峭的石径朝上攀登，走了约0.5英里后，来到了山西北方石壁下的一眼小泉。那里的海拔约4 800英尺。从那往上之后，由于坡比较陡，坡上还疏松地覆盖着成堆的砾石，所以攀登起来很困难。从图67中可以看出，我们的路从那里延伸到崎岖峰顶的北端。在比小泉高400英尺的一个地点，我们的向导（一个熟悉本地地形的老牧人）第一次把一条带围墙的马道指给我们看，这条马道一度延伸到山顶上。再往高处走的时候，我们多次遇到了弄得很平整的地面，那条马道就经过了这些平地。有几处地方，路外侧的护墙仍有约8英尺高。

这条马道使我想起了越过马拉根德（在巴基斯坦——译者）和其他山口进入斯瓦特谷地的"佛教徒之路"。在海拔约5 800英尺的地方，这条马道通到了山顶朝北延伸的地方上的一级窄台阶。在那里我们路过了一个小水塘，水塘是从红砂岩上挖出来的。从这里开始，路呈之字形延伸，经过陡峭的悬崖，来到了石峰顶上，之后一直延伸到了三角形山顶北端的楔形部分。在最后这段路上，山坡上散布着很多疏松的石头，它们是一堵已经坍毁的厚墙的残余部分。空盒气压表的读数显示，山顶的最高处海拔约6 200英尺。在山顶上我们发现了三组建筑遗址（图67）。

这些建筑遗存都由小屋子构成，屋子都是呈四边形。屋子都是用粗糙的石头垒成的，石头嵌在水泥一般坚硬的灰泥中。保存得最好的部分，是区域 i 西角附近的一组住房。那里有很多屋子，屋子围成的院落中间有个开凿在石头上的大水塘。这里东侧和北侧的外墙完好，比现在的地面高出约5英尺。在墙上可以看到细心码放整齐的石头，每一层有1英尺8英寸高，每两层之间有一层2英寸厚的硬灰泥。墙的厚度是1英尺8英寸。在这个庭院里和其他地方，我们发现碎石中有很多烧硬的土坯，它们大概本是用来收集雨水，并把雨水引到水塘中去。水塘呈椭圆形，它的侧面原来有一层石头，石头外又是一层硬灰泥。现在水塘不足7英尺深，里面堆积了碎石，显然原来还要深。在其他两个地方（ii、iii）我们还发现了较小的水塘。山顶南部有一排房屋（iv）保存得很不好，不太容易辨认出来，大概是它们底下的山坡很陡的缘故。在最高

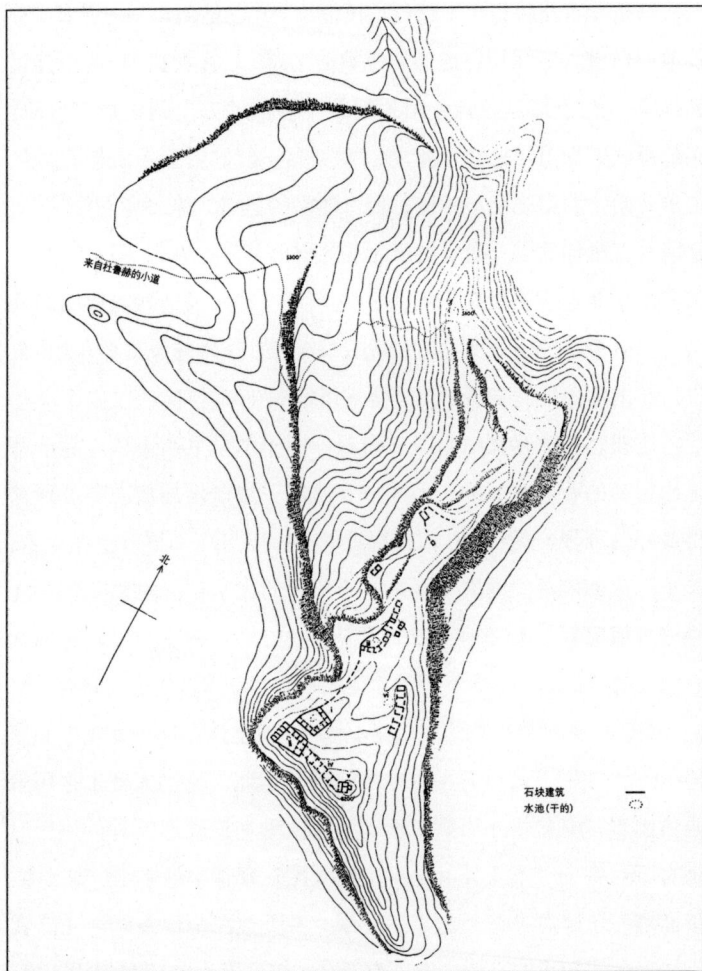

图67　杜鲁赫的加拉科古堡遗址平面图

点上可以分辨出一座方塔（v）的地基。从高地般的山顶有一条小谷朝东北延伸，谷底有个凹陷处（vi），是在石头上开凿出来的，大概是贮水的水池，但它的侧面没有石头外壳，可见它大概没有完工，不曾投入使用。

山顶的四面都是极陡的悬崖，这使加拉科天然就是一个很容易防守的险要地方。但人们很难到山顶上去，而且在那里发现的陶器碎片也比较少，这些都说明它大概只是一个临时的栖身之地，而不是一个永久住人的地方。陶器碎片都没有花纹，是红陶，无法判断出年代来。据我所知，人们也没有发现任何能提供年代线索的东西。但当地人认为这个遗址十分古老，说它就是《王书》写的关于鲁斯塔木的故事中的斯盘德科。我无法判断这个说法是否正确。墙是十分坚固的，却朽坏得很厉害，由此看来遗址非常古老。这些贫瘠的山区东边与一条广大的沙漠地带相邻，在这样的地方，雨水是很少的。即便降雨很频繁，要把这么坚固的水泥般的建筑变成一堆堆碎石，也需要很长的时间。

加拉科山顶的视野很开阔。我们可以眺望到孤立的峰岭，这是那条从西北朝东南延伸的山脉瓦解而成的。我们还能望到一些被侵蚀得很厉害的山坡，山坡上的小山已经变成了光秃秃的起伏的准平原。一层尘沙遮住了东边的古代得兰吉亚纳平原。我在昆仑山脚下和俯瞰着喀什噶尔、莎车的山脉上，曾多次见过这样的尘沙。我的牧人向导告诉我，如果空气明净一些，朝东能望到赫尔曼德河尾间潟湖最靠西的两条支流，即哈鲁特河和法拉河。它们的古代名称是 H̆arenaṅuhaiti 和 Fradatha，也就是普林尼书中的 Pharnacotis 和［O］Phrados。我还是学生时在《阿维斯陀》一书中第一次发现这两条河的古代名称。既然在命运的安排下我无法进入阿富汗，那么能离很久以前就吸引着我的这个地方这么近，我已经很满足了。在灰色尘沙的遮盖下，整个场景看起来特别荒凉。但据说如果春天雨水充足，那些光秃秃的山坡上有一小段时间是有丰富的牧草的。向导告诉我，在加拉科山顶上，冬天有两三个星期的时间有积雪。

11月28日，我们继续朝锡斯坦走，两天中走了65英里，来到了班丹。在那里，我们发现了从比尔詹德来的大道。这两天穿过的地方都是沙漠。但有一段地方，路离开了杜鲁赫下游的宽阔平坦的谷地，攀升过一条砾石缓坡，下到了一座高原上，高原上有哈贾依都恰汉水井。在到达水井之前，我注意到有一大块被晒得很硬的黏土平地，上面还有浅水渠的痕迹。看来，当春天的雨水特别充足，河水泛滥到这个地区并渗透下去的时候，人们偶尔在小块地方进行耕种。沙雅下游的塔里木河的河边地带，也正是以这种方式在河水泛滥到的地方偶尔耕种土地的。[1]从都恰汗水井开始，路顺着一条宽阔的谷地朝下延伸。谷地中有已经干涸的沙质

---

1 值得注意的是，我们的那个来自杜鲁赫村的向导说有个古代遗址，显然是塔提类型，当地人称之为石尔克哈。他说这个遗址位于上面说的那个地区东南约两个"法尔桑"远的地方。

河床、红柳沙堆，还有被风切割过的小块地面，这些都使我仿佛又回到了塔里木盆地一般。在到班丹之前的最后几英里中，路是顺着一条河床延伸的，河床边上是枣椰林。这一景象使我颇为吃惊。而且，晚上我们在这个荒凉的路边小站过夜的时候，天气也很暖和。我这才体会到，这都是锡斯坦离印度和阿拉伯海的海滨比较近的缘故。

11月30日，我们越过一块辽阔的冲积扇（冲积扇上都是碎石和砾石），来到了哈木恩边上。哈木恩是赫尔曼德河尾闾的大盆地，使我想起了在中亚的沙漠地区经常见到的熟悉景象。因为，我们在32英里内经过的地方，与无论是从昆仑山的冰川出发还是从库鲁克塔格贫瘠的山坡出发到古代罗布泊去，所经过的地方很相似。我们在拉比巴灵那个地方，到达了真正的哈木恩的北边。在这之前，我们路过了一系列清晰可辨的古代湖岸线，更使我觉得这里像罗布泊了。我注意到的第一条古代湖岸线离现在的湖西边足足有8英里远，由此可见湖收缩了多少。

12月1日是我们在路上的最后一天，我们走到了纳斯拉塔巴德（又名扎博勒——译者），即属于波斯的锡斯坦的首府。一路上我看到的现象，证实了哈木恩湖每年都要经过怎样的变迁。在废塔米里那迪尔东北约1英里的地方，我们又来到了直路上（直路的标志就是电报线）。这之后，我们可以骑马越过哈木恩湖那个细腰般变窄的部分。从2月初到秋天，这个部分一般是有水的。但在冬天的几个月里，湖水收缩了，不用坐芦苇筏子就可以过去，一年中的其他时间则要用芦苇筏子才能把人渡过去。就这样，在10英里的距离内，我们顺着一条窄道走，窄道穿过了茂密的芦苇滩，就像我在日益干涸的塔里木河尾闾地带以及罗布泊最西边的潟湖看到的芦苇滩一样。大群牛羊在这里吃草。而在一年中的大部分时间里，这里都只有鱼和水鸟。

这样的芦苇越来越稀疏，最后让位于光秃秃的湖滨。一个醒目的现象不由得吸引了我的注意。我指的是，这里完全没有盐霜，而盐霜是罗布泊沼泽附近以及塔里木盆地所有河流尾水附近地面的一个典型特征。看来，锡斯坦土壤的表面状况和塔里木盆地很不一样，而在其他方面它却和塔里木盆地极为相似。出于两种原因，这种不同应该引起我们的注意。其一，我们一开始就要记住一个重要的事实，那就是哈木恩沼泽（它东边连着赫尔曼德三角洲，这块三角洲是锡斯坦可耕种的部分）并不是赫尔曼德河的真正尾闾。因为赫尔曼德河每隔几年就会有一次大洪水，把哈木恩沼泽中的水都冲出去，冲到了沙漠下游60英里处的咸水湖"济里盐沼"，因此哈木恩沼泽中的水总是淡水。其二，这个地理现象也有助于我们更好地理解为什么赫尔曼德河三角洲的土壤这样肥沃，而且为什么有大量遗址以证明锡斯坦何等繁荣的古代文明。

我们在从哈木恩到纳斯拉塔巴德的途中，遇到了很多被废弃的农田和村庄。这足以告诉我们，虽然锡斯坦在伊朗的历史上享有盛名，现在古代的荣光已经消失殆尽。在纳斯拉塔巴德，我受到了普里斗少校（现在他已经提升为中校）的热情欢迎，他是英国驻锡斯坦和卡依恩的领事。主要是在这位杰出的军官的极为善意、有效的安排下，我才得以用比较少的时间在锡斯坦做了大量的考古学工作。普里斗少校本人也对我的工作给予了真诚的帮助和鼓励，这使我尤为感激，因为当时波斯的局势很不稳定，驻扎在克尔曼的一支德国军队还要有所行动。为了保证英属俾路支斯坦这段偏远边境的安全，军官们已经很忙了。

第三章

锡斯坦圣山

第一节　锡斯坦的历史地位

从我年轻时开始研究古伊朗的时候起，古代的"萨卡斯塔内"，也就是中世纪伊斯兰作家们说的"萨吉斯坦"，即现在的锡斯坦，它的历史就一直吸引着我。锡斯坦的地理位置使它成为东西伊朗之间的桥梁，各种民族因素在那里融合在一起（现在的锡斯坦也是如此）。因此，古代文献中它的早期名称就有几个。[1] 锡斯坦位

1　我们在大流士的碑铭中看到，东伊朗人把锡斯坦称为茨兰卡（Zranka）。类似的名称也出现在希罗多德的《历史》和阿利安的《亚历山大远征记》中。但阿利安还知道，西伊朗人称锡斯坦为 △ ράγγαι。这个名称出现在斯特拉博（Strabo）的《得兰吉亚纳》（Drangianē）以及托勒密等古典作家的作品中。中世纪的地名"扎兰吉"（Zaranj）和现在的地名"济里湖"（Zirrah lake）中都保留着古代的东伊朗地名，其中"济里湖"是来自《阿维斯陀》中的 Zrayô，即"湖"的意思，也就是古波斯语的 draya[h]。

于波斯（指伊朗国——译者）和印度西部之间的主要交通线上。自古以来，无论是为了进行和平交往还是侵略，锡斯坦都是一处要地。大自然赋予锡斯坦以赫尔曼德河的河水，这条河是伊朗境内从兴都库什山到里海一线以南最大的河。有了这样的河水，如果没有战事发生而且管理得力，锡斯坦就足以作为伊朗中部的大粮仓，也足以哺育一个繁荣的文明。

显然，对于研究古伊朗的人来说，锡斯坦是很有吸引力的。关于锡斯坦早期历史的现存资料极少，但也并不是完全没有。大流士一世和希罗多德在列举阿契美尼德帝国的省份时，都提到了锡斯坦。亚历山大在朝印度边境进军时，也穿过了锡斯坦。关于这位伟大的征服者的壮举，我们的资料主要来自阿利安的《亚历山大远征记》，那里曾用不同的名称提到了锡斯坦和那里的居民。那本书中揭示了一个有趣的事实：锡斯坦当时位于东西伊朗的语言分水岭上（现在从某种意义上来说也是这样）。这大概是由自然地理引发的民族分化造成的，锡斯坦的政治史也一直反映了这一点，如锡斯坦现在就分属波斯和阿富汗两国。

在很久以前，伊朗的宗教和史诗传统中就常以锡斯坦为背景，这反映了锡斯坦在伊朗古代文明中的重要地位。拜火教典籍中现存的最有趣的章节就是《阿维斯陀》的赞歌 xix 中赞颂"王者光辉"的那段文字。所谓王者光辉，就是合法统治伊朗的神圣标志。那段话把"王者光辉"同"从 Zrayô Kāçaoya（即锡斯坦湖）所在的地方进行统治的人"联系在了一起。就是说，从很早的时候起，一直到菲尔多西（935？—1020年，波斯诗人，著有6万对句的史诗《王书》——译者）完成了伟大民族史诗为止，人们都认为传说中伟大的伊朗王朝卡威或卡亚尼亚国王们的家乡都在锡斯坦。直到今天，锡斯坦还有一个自称"卡亚尼"的当地家族，自豪地说自己是那些国王的后裔。根据拜火教的早期信仰，锡斯坦湖将出现胜利的救世主(çaoshyant)，他将战胜恶之神"阿里曼"(Ahriman)，拯救全世界。《阿维斯陀》中的 Astvat-ereta 也证实了这一点。同样值得注意的是，伊朗史诗中流传最广的英雄扎尔和鲁斯塔木的家就在锡斯坦，而且锡斯坦是他们创造伟大业绩的主要地方。

锡斯坦的传说很丰富也很古老。与此形成鲜明对比的是，关于锡斯坦伊斯兰时期之前的历史，流传到现在的可靠资料却很少。塞人（即锡西厄人）曾征服了锡斯坦，因此这个地方才被称为萨卡斯塔内（意为塞人之国）。屋大维时代查拉克斯的伊西多尔第一次记下了这个地名。但关于这次重要的民族迁徙，却没有任何明确的记载。值得庆幸的是，锡斯坦的考古学遗物很多。从近代起，人们对这一地区的地理、经济和民族状况都有了比较深入的了解。1903—1905年，印度政府派了一支波斯—阿富汗边界考察队到锡斯坦。在亨利·麦克马洪上校的领导下，这支考察队进行了长期细致的考察。我们了解的锡斯坦的情况，主要是他们考察的结果。他们当时收集到了很多资料，但公众能看到的只是其中发表的一部分。即便如此，对研究锡斯坦地理状况的人来说，在泰特先生的指导下印度测量局完成的大规模正确测量，以及亨利·麦克马洪爵士及其助手对这一地区及居民的描述，大概比现在东伊朗任何地方的资料都充足完备。

从文物的角度来讲，有一点是应该牢记于心的，即赫尔曼德河三角洲各地之所以会有大量遗址，直接原因就是这里的自然条件。这里的自然状况和塔里木盆地的自然状况很接近，只不过塔里木盆地的规模要大得多。赫尔曼德河三角洲有些地方在以前某个时候曾被废弃，而极度干旱的气候很有利于遗址的保存。河流三角洲的一个主要特点就是主河道经常改道，而农田完全是依靠从赫尔曼德河引出的水渠来灌溉的，河流在不同时期的改道影响了农田的位置和范围。有些遗址所在的地方如今已经变成了沙漠或沼泽，证明了很久以前赫尔曼德河曾经改道。近期的改道则有实际记录和当地人的说法为证。

同时，这里凡是以前有人住过的冲积地面后来都长期缺乏植被保护，风蚀作用在流沙的"协助"下就可以大施威力了（现在的情况也是这样）。这恰好和罗布盆地有相似之处。在赫尔曼德河三角洲的南部地区，可以清楚地看出风蚀作用对遗址建筑的毁灭性影响，正像塔克拉玛干的古代遗址一样。但风蚀作用同样帮助了考古学家，把早期的遗物暴露在地表（中国新疆的塔提遗址就是如此）。如果进一步比较中亚的塔里木大盆地和锡斯坦的三角洲地区我们就会发现，锡斯坦的古代湖盆底部也有一部分区域在历史上或史前曾"见"过人类。这些区域周围及其当中的某些地方是硬土台地，大多数台地上都覆盖着砾石。这些台地标明了古代湖面的位置。正是在这样的台地上（就像疏勒河尾水的台地一样），建筑遗址最容易经受住水汽和风蚀作用的考验而保存下来。

　　从以上这些简略的文字中我们可以看出，历史和地理状况使锡斯坦成了一个极有可能存在重大考古学发现的地方。1903—1905年的英国锡斯坦考察队在这里待了很长时间，而且工作进展得特别顺利，实属机会难得。但由于队伍中没有资深的考古学家，所以没能利用这次机会对边境两侧的整个锡斯坦地区都进行系统的考察。我的时间有限，况且不能到属于阿富汗的那部分锡斯坦地区去，而大多数已成为沙漠的遗址都在那一边。所以我也不敢把自己的目标定得太高。

　　泰特先生通过以前的工作熟悉了附近的英属俾路支斯坦，他对呼罗珊的历史也很感兴趣。政府鼓励他利用这次机会，探访了考察范围内的大部分遗址。他在《锡斯坦》一书中，认真记录了他从当地人和晚期伊斯兰文献中收集到的关于最醒目的那些遗址的资料（这样的信息一般是不多见的）。就晚期遗址来说，这些信息以及对遗址的总体描绘都是很有益的。但即便在这些地方以及一些历史地形学问题上，这本书也有值得商榷的地方。除了这类局限，泰特先生的著作以及书中那些质量很高的照片，对研究锡斯坦历史的人来说都是极好的辅助资料，从该书中我们对需要考察的主要遗址会有一个大概的了解。而且，在他的指导下绘制的地图对我也是极有益的指导。为此，我要向泰特先生表示真诚的谢意。

出于几方面的考虑，我描述的遗址都是我实际考察过的。我无法到阿富汗那一边的锡斯坦去，在波斯这一边待的时间也不是很长，所以我就不讨论锡斯坦的地理对它的政治和文化都产生了怎样的影响了。我也无法论及历史地形学问题，因为我手头没有这方面的文献资料。即便有资料，我也没有时间研究它们。出于同种原因，我也只能让其他人来比较一下在伊朗其他地方发现的建筑细节和遗物，从而推测锡斯坦其他遗址的年代。我完全明白，要想进一步澄清锡斯坦以及伊朗其他地区遗址的年代，必须进行系统的发掘。锡斯坦的遗址已经遭到"寻宝人"的破坏了。因此，有特权在波斯—阿富汗边境两侧进行考古发掘的国家，更应该尽快让它的学者到锡斯坦这个遗址丰富的地方来考察。还有一点值得注意的是，在描述这一地区时，我不像其他遗址一样按照工作的时间顺序，而是根据地形分类的顺序进行描述的。

第二节　科赫伊瓦贾的遗址

11月6日，我离开了纳斯拉塔巴德好客的锡斯坦领事馆，到科赫伊瓦贾去。第二天早晨，我们过了道迪村后，走到了没有耕种的平地上，水是有可能泛滥到那里的。之后，我们来到了哈木恩（意为盐湖、沼泽——译者）的边上，那里正对着科赫伊瓦贾石岛（图68）。这座醒目的山是完全孤立的，比哈木恩沼泽的中部

图68　从东边越过哈木恩望到的科赫伊瓦贾石岛（箭头所指，是加加沙遗址的位置）

以及赫尔曼德河三角洲的平地高400多英尺。我之所以想探访一下科赫伊瓦贾岛上的遗址，首先是因为这座山顶上有人们常去的伊斯兰教寺院，是个朝圣的地方。它的意思是"圣人阿里（第四

代哈里发，穆罕默德的女婿和追随者——译者）之山”，这本身就
说明它是个圣地。它矗立在宽阔湖盆的正中央，十分醒目。我想，
大概从古代起人们就开始崇拜它了，而且这样的崇拜很可能延续

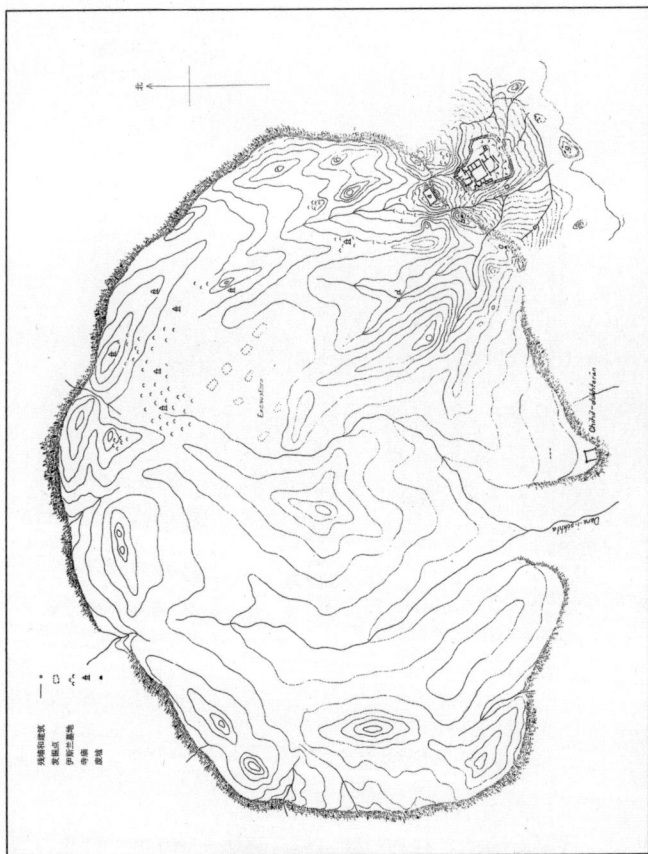

图 69　科赫伊瓦贾山上的遗址平面图

了下来。因此，那里的遗址大概是比较古老的。

　　在科赫伊瓦贾山与冲积平原的西边之间，是一条长着芦苇的沼泽带。冬天的时候由于水位较低，沼泽约有1英里宽，但之后沼泽大概更宽。在这个地点附近我们测量到的沼泽岸是特别低的，海拔只有1 600英尺，可见山所在的位置大概以前很长一段时间一直是个岛屿。赫拉特有一部伊斯兰史书，在描述公元15世纪的事件时提到了哈木恩沼泽中的这个岛，说那里的遗址是一处要塞。从图69可以看出，山的顶部形成了一块被岩石环绕的高地（图70），从东北向西南方向延伸了1英里多，宽度也只比1英里少一点。高地边上朝下150英尺的悬崖都是特别陡的（图68、71、72）。再往下悬崖底下就是不太陡的斜坡了，斜坡一直延伸到狭窄的结着盐壳的涨滩边上。山上有一座小丘叫科克伊扎尔，小丘顶部有遗址。在山的东南端，一条窄岭（图73）从小丘底下伸出来，窄岭的坡上是常被称作加加沙的遗址，意思是加加城。[1]

　　这座岭东西两侧都是陡峭的山谷，将岭和相邻的山坡分隔开来，因此这个位置被选作修筑防御工事的地方。防御工事的主围墙（图69）和里面的建筑一样，都是用土坯筑成，围住的区域南北长约170码，最宽的地方有130码。这个区域在最高的地方变窄

　　1　这是我听到的名称。泰特先生在他的《锡斯坦》一书中，把这个地方的名称拼作 Kakha 或 Kak-hā。他还把这个名称和法尔斯宛人（Farsiwān，法尔斯是伊朗中南部地区——译者）的一支联系在了一起，据说法尔斯宛人是锡斯坦的土著民族。

图70　从科克伊扎尔所在的科赫伊瓦贾山顶上眺望到的坟墓和圣陵

了，接近山崖脚下，山崖顶上就是科克伊扎尔的墙。还有一道外围墙从悬崖脚下延伸成半圆形，围住了上面所说的那个区域。这道墙的建筑质量同主围墙相比大为逊色，和主围墙的距离在100

码到160码之间。这道外围墙已经严重坍毁了，只在南边和西南
可以分辨出来。在它和主围墙之间几乎没有发现什么建筑遗存。主
围墙的厚度不超过8英尺。在上坡的地方，主围墙底下有厚得多

图71　加加沙方形庭院遗址西北面平台和建筑遗址（背景中可以看到科克伊扎尔底下的山崖）

图72　加加沙方形庭院遗址西北侧带扶墙的平台（上方的山顶上的科克伊扎尔遗址）

图73　科赫伊瓦贾山上的加加沙遗址和科克伊扎尔遗址，从东面看

的地基。有些地方的主围墙仍有30英尺高。低处的大门位于东南角（图74）。那里有两座塔，一座呈八角形，另一座呈圆形，特别细。它们显然是用来戍卫大门的。

在围墙里面，南面的低坡上是带拱顶的屋子和过道遗址。这些屋子和过道等占据着不规则的平地，似乎是分层建的。低处的房屋中塞满了碎石和垃圾，许多屋子大概在整个遗址仍在沿用的

图74 加加沙围墙的东南角（右侧是门楼）

图75 加加沙外院的扶墙和门

时候就被废弃了，塔巴斯依马泽纳的情况就是这样的。我们在一处做了试掘，发现在浸着盐的硬土壳底下仍有保存良好的贝冢垃圾。从一开始我就注意到有很多细腻的红陶碎片，质地比现在当地的陶器要好得多。其中最常见的质地类似赤土，外表有整齐的凸纹。

穿过这片比较简陋的营房遗址，有一条仍可辨认的道路蜿蜒到了一道高墙脚下，高墙支撑着一个平台（图75）。在这堵特别厚的墙后面，平台底下有很多房间，大概分成了几层。所有房间在很久以前就坍塌了，平台顶上的凹陷就证明了这一点。路顺着平台的脚下朝上攀升，穿过一道窄大门，进到了一个外院里，外院四周环绕着保存得比较好的带拱顶的建筑。拱顶是用土坯筑成的倾斜的拱，这种拱顶如今在锡斯坦也很常见，可以罩住中等大小的屋子，而完全不必集中成屋脊。从这个外院出发，路顺着平台的顶部折了回来，一直通到一道特别醒目的拱形大门（图76）。这扇大门在平台顶部的西角附近。大门顶上曾有垛口，顶部两侧有窄窄的开口，是守军用来向冲上来的敌人灌热水、投石块用的。大门左侧靠墙有一条带拱顶的小过道（i），在那里我们有一个有趣的发现，下文我将说到这件事。

穿过这道大门就进入了一个开阔内院。从内院出发，路穿过一条过道，进入了一个带拱顶的大门厅（ii）。这个大厅比大内院周围的其他建筑遗存保存得更好，而且建筑特征比较典型，所以在这里我们简单描述一下这个大厅。从图77中可以看出，大门厅

图76　通向加加沙方形庭院遗址的内大门（大门左侧是过道 i 的位置）

由一个带圆顶的中央部分和两条通道构成。中央部分的圆顶支撑在拱之上，拱底下是拱柱。这些拱和通道的拱顶一样，都是用一排排垂直放置的土坯筑成，土坯长边的方向和拱的曲线方向一致。和西方风格的真正的拱一样，这里也有拱顶石。拱顶有 1.5 英尺高的土坯层构成一个长方形，由于角落里还有内角拱，长方形就变

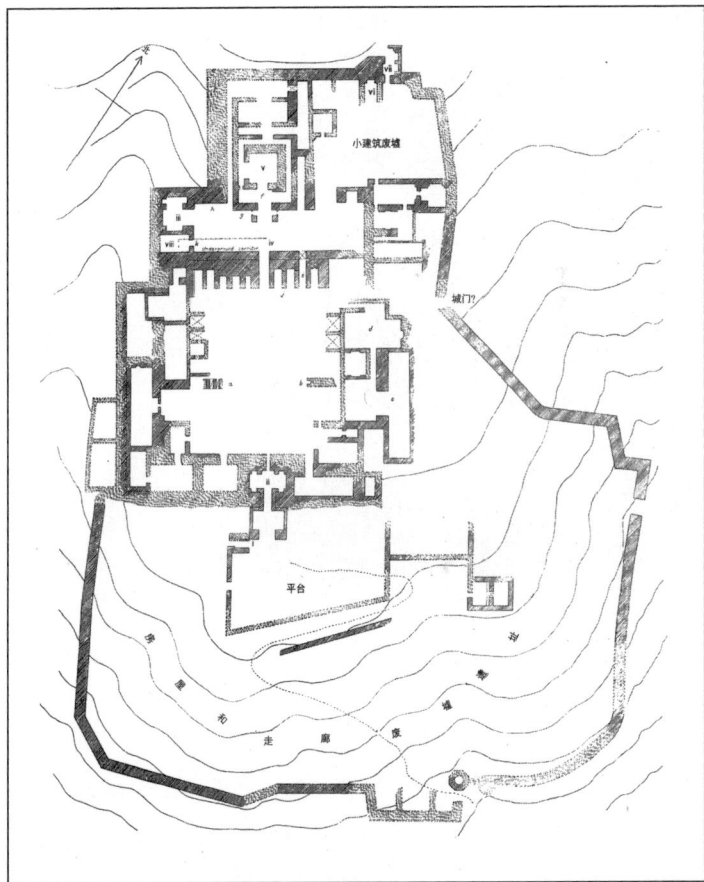

图77 科赫伊瓦贾山上的加加沙古城平面图

图78 加加沙的入口
大厅 ⅱ 的东廊

成了八边形，八边形之上就是圆顶。圆顶上开了四个口以便采光，
开口已经破损得很严重。两条通道上面是半圆形顶棚，长边上方
的顶棚末端是半圆室（图78）。两道较矮的墙上各有4英尺宽的凹
陷处。所有的墙上都有一条窄窄的柱基，柱基上方是一排小龛。
长边上有3个小龛，短边的凹陷处上方有两个小龛。14个小龛中，
在几个保存较好的小龛里面可以分辨出灰泥底座。从小龛离地面

图79 科赫伊瓦贾山上的加加沙遗址

的高度来看，它们只能是放小雕像用的，而不可能有其他用途。但我们清理了两个角上的垃圾堆后，没有发现小雕像的残件，而只发现了带绿松石色釉的陶器碎片，几块毛织品和丝织品残片。

过了这个大门厅后，我们顺着一条窄过道来到了一个特别宽阔的方形庭院。方形庭院的三面都是带拱顶的大房间的残墙。第四面的地面较高，有很多堵扶墙支撑着一块高平台，平台顶上是

80 从科克伊扎尔看到的加加沙遗址

更多的建筑。沿方形庭院的两条长边分布的建筑很可能有两层，但它们的墙毁坏得特别严重。由于遗址里面塞满了碎石，所以在图77中我们只能极粗略地画下它们的布局。从图79、80中我们可以对这些建筑有更多的了解。那两张照片是从方形庭院后面的山坡上拍摄的，可以看到被墙围起来的区域的整个上半部分的建筑群。相对而立的那两堆高大的土坯（图81）是个很奇特的地方。它

图81 加加沙方形庭院遗址上方的建筑，从南面看

们朝向庭院的坡太陡了，不可能有台阶。我猜想，它们大概是后来添筑的，以便支撑后面的建筑。有几个房间特别大，东南角就有两个大房间。这说明这些大房间的用途在于容纳很多人。但从建筑上我们看不出要容纳这么多人是为了戍卫酋长的驻地，还是因为这是一个人口众多的圣地。

方形庭院西北面的平台比方形庭院高约20英尺。有扶墙支撑着平台，抵消了上面的建筑朝外耸的势头。扶墙之间用带拱顶的窄凹陷处隔开，凹陷处分成了两层（图71、72）。只要看一下这些扶墙不规则的布局我们就知道，它们曾被反复修过，位置也变更过。后来我们在一堵扶墙外面的土坯后面有一个有趣的发现，证实了我们的判断。通过其中一个带拱顶的凹陷处 e，有一条如今已经被碎石塞住的过道。这条过道通向一条带拱顶的走廊，走廊支撑着平台，走廊后面就是平台高处的那些建筑。在中央两堵扶墙之间，可以清晰地分辨出一条 8 英尺宽的台阶，从方形庭院通向平台。

在和台阶连成一线的地方，矗立着高处遗址群的中央建筑，即 v（图72）。从它的位置以及它的某些罕见的结构特点来看，这是个重要的建筑。不幸的是它已遭到了严重毁坏，如果不仔细清理，就无法断定它的性质。这个中央建筑的结构是：穿过一条宽阔的门廊，就进入了前厅，前厅之后是内殿。从四角残留的带拱柱的墙来看，内殿顶上曾有个圆顶，支撑在 4 条宽拱上面。有一条过道环绕着内殿的三面，从前厅可以到过道中去。乍一看，这条过道是为了绕行用的。内殿后面分布着几座长方形屋子，一直延伸到了主围墙那里。在左边（即西边），一条窄过道把围墙同前面所说的遗址群隔了开来。

前厅正对着平台前面的那堵厚墙的编号是 g，我注意到这堵墙外面支出 5～6 英寸长的红柳枝做的小木钉，排列成不规则的横排。我想起在硕尔楚克的明屋寺院以及塔里木盆地的其他寺院，泥楣上就有这样的木钉。这使我想到，这里的木钉可能也是用来支撑泥浮雕的。我从远处在比较好的光线下反复查看，果然发现这面墙的高处仍残存着这样的浮雕。围墙 h 朝向平台并与平台平行的那一面上也有浮雕。这些浮雕是平浮雕。由于雨水的破坏作用以及长期暴露在外，它们都已经严重受损了。但在太阳位置比较高的时候，通过阴影可以看出浮雕的轮廓线，我们能进行释读并拍照（图82）。在墙 h 上可以分辨出三个骑马的人物排成一排，都转向左边。骑马者腰以上的部分几乎消失了。但从图82中可以看出，马身体和头的很多部分都保留了下来。马脖颈很短，身体粗壮，与我们在萨珊石刻上看到的类型相似。这样就给我们提供了一条有价值的年代线索。马的身体比平台地面高约8英尺，从背到腹约有3.5英尺。再往下在离地面5英尺的地方是成行的孔洞，标明一条已经完全消失的楣的位置。在标作 g 的墙上，我也辨认出了一个类似的骑马的人，也转向左。他前面有头几乎直立的狮子，朝马头跳去。在我看来，狮子僵硬的姿势和造型很像萨珊石刻上的狩猎场面，甚至像更早的阿契美尼德（公元前559—前330，伊朗古代王朝——译者）浮雕。狮子现存的部分长约4.5英尺，马头现存的部分长2英尺3英寸。整个遗址中央建筑的墙上有典型的萨珊形象，这本身就足以说明这是个伊斯兰时期之前的遗址。

平台西角上是个内殿（iii），内殿的建筑特征（图83）使我们很感兴趣。遗址高处部分的某些带拱顶的小屋子也有这样的特征，但它们朽坏得更严重。在内殿中4根粗重的拱柱从墙上突出来，

图82　加加沙的建筑 v 外墙上的灰泥浮雕

支撑着半圆形的拱。拱上面的部分比拱背高出约1.5英尺。由于四角有内角拱，所以整个内殿变成了八边形。八边形之上是圆形的鼓状部分，这个部分如今已经毁坏。拱柱的侧面以及拱上方的角落里有一些方孔，大概是插横梁用的，以便抵消圆顶朝外鼓的趋势（主围墙北角的门厅 vi 附近也有一个这样的带拱顶的内殿，即

图83 加加沙方形庭院遗址上方平台西侧的遗址（前景中的拱顶通向走廊 iv）

vii）。有迹象表明，这里的灰泥墙面上曾有过装饰性的壁画，但壁画的布局已经无法辨认了。在从大门折向东南的那段围墙附近，我们发现地面上铺着碎石，说明那里曾有一些小房屋。在图84中看到的墙是朝方形庭院的东北面延伸的，那段墙有一部分是顶层房屋的墙，底下的那层房屋已经完全被掩埋了。

图84　加加沙方形庭院遗址东北侧的上层房间

　　还有一个虽然小但很有趣的建筑特征值得一提。我曾说过，有明显的迹象表明，依平台的墙而建的扶墙是后来添筑的。在台阶右边的第二堵扶墙后面的拱底下，我发现了彩绘灰泥的残迹，那才是原来的墙。清理掉扶墙和拱顶上粗糙的土坯后，一个陶立克式的柱头露了出来，底下是一根半露在墙外的柱子。柱头和柱

图85　加加沙方形庭院北边的平台墙的扶墙，箭头所指的位置是半嵌入墙内的柱子（其柱头为陶立克式）被后来的土坯遮住的地方

子都有一层灰泥外壳（图85、图86），柱头的顶部和底部用的是烧过的土坯。右边的下一堵扶墙也掩盖着同样的一根柱子，也有同样的柱头。这两堵扶墙之间的墙上残留着一条楣梁，上面用白泥装饰着旋涡饰。由于黄蜂筑了巢，这条装饰性浮雕大部分已经被毁了，后来建的粗陋扶墙并不足以提供保护，但我们仍能看出保

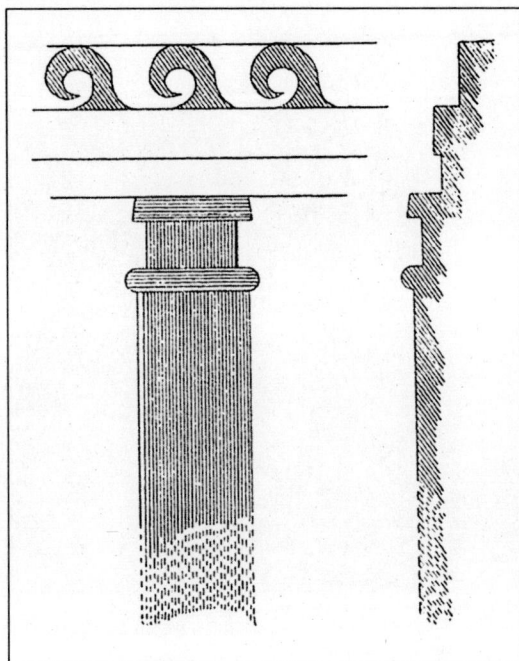

图86　圆柱
GHAJ 立视图

存下来的这点浮雕显然是希腊化风格的。这也正与我们从前面所
说的那些浮雕中得出的年代结论相符。

第三节 壁 画

在加加沙遗址发现了两处醒目的壁画。我之所以把壁画留到最后来说，是因为前面对遗址的概述虽然简略，却有助于我们更好地理解壁画的含义。我是在去探访这个遗址的第二天发现壁画的，我一直停留到12月17日也主要是这些壁画的缘故。前面我曾提到一条带顶棚的窄过道 i，它依墙而建，就在内围墙大门的左边附近（图76中表现的是清理之后的过道位置），这条过道只有5英尺宽。在过道的西角，跟我从道迪村来的一个人注意到墙上一条裂缝中露出带颜色的灰泥。把外面粗陋的土坯剥去后，后面一块旧墙面露了出来。我认为这块墙面上画的是一块带花纹的纺织品（后来证明我的判断是正确的）。第二天早晨，我叫人把过道的顶棚取了下来，以便能更安全地查看侧墙遮住的墙面，那段墙面离大门最近。我们把离角落最近的这段侧墙的顶部也剥了下来，这时墙面上露出了一个衣裳华丽的人物的双腿。这里的土坯层只有14英寸厚。我们继续把这层土坯弄松，土坯很快裂开并掉了下来。这时，我们看到了一幅令人惊叹的画面。高处的墙上画着一行衣裳华贵的人物，腰以下的部分都保留了下来，而暴露在后来添筑的过道墙外的部分都已经消失了。底下有一条与上方画面隔开的楣梁，楣梁上露出一些带项光的头部。尽管整幅壁画不完整，而且保存得也不好，却使我立即想起了米兰寺院 M.v 过道墙上的壁画。我们接着把剩下的添筑的土坯都小心地剥了下来，底下那条楣梁上露出了4个带项光的人物，还有第五个人物的一部分（图87）。

从一开始我就意识到，由于潮湿的空气以及昆虫（大概是白蚁）对泥墙的毁灭性作用，这些壁画比中国新疆佛寺的壁画保存得差得多。锡斯坦在冬季偶尔会下一两场雨，只要再下一场雨，就足以毁掉这些有趣的壁画了。而在我看来，这是在伊朗迄今为止发现的仅有的伊斯兰时期之前的壁画遗迹。显然，要想尽可能把壁画保留下来，唯一的办法就是将其剥取下来。由于灰泥特别

图87　加加沙过道 i 的早期墙上的壁画残余

不结实，壁画表面还很容易剥落，所以这个任务完成起来有不少技术上的困难。我们利用领事馆可提供的资源，临时凑足了必要的工具和材料。之后我和阿弗拉兹·古尔按照在新疆遗址的做法，有计划地将壁画分12块剥了下来。我深知要想把这些壁画装箱并运到印度，必然会造成进一步的破坏。而由于没有专业人士的帮助，我又无法在现场给这些壁画拍照。因此，我在剥下壁画前做了笔记，并将笔记收录在这里。后来，经验丰富的安德鲁斯先生将壁画在新德里重新拼了起来。但即便对那些读过我的笔记后又能看到壁画原件的人来说，这些笔记也是有用的。

高处那条楣梁现存的部分从顶部到底部有3英尺高，一直伸到比地面高约8英尺的地方。最左边的画面残破不全，好像是件深红棕色的长达膝盖的衣服。此外，楣梁上还可以看到5个衣饰不同的男性人物。人物都是正面，腰以下的部分都保留了下来。[1]左起第一人穿一件宽大的长达膝盖的紫色衣服，衣服上装饰着黄色的小圆圈，画的是纺织品上的图案，图案是萨珊风格中常见的

---

[1]　关于人物的服装，安德鲁斯先生给我提供了下面这段笔记：

上排的6个人物的服装，很像柏林博物馆藏的一尊立姿小银像的服装。唯一的区别在于，小银像没有穿长筒靴。塔吉波斯坦的大石窟左墙上的霍斯罗夫（Khosröes，伊朗古代国王——译者）雕像穿的也是这样的长达膝盖的衣服。但这个雕像没有穿斗篷，国王站在一条船中，船沿遮住了他的腿。大英博物馆"阿姆河瑰宝"（Oxus Treasure）藏品中有块金质薄板，上面凸饰着的人物穿的也是类似的服装，也有长筒靴，但没有斗篷。同样的服装，包括斗篷还出现在许多贵霜钱币上。

"点"。从腰的中部［一根白色窄带子上］，垂下来一条带棱角的白色织物，织物的底下比上面宽。热瓦克佛塔庭院的门神像的这个位置，也有个与此类似的三角形衣褶。硕尔楚克的明屋遗址一个身披铠甲的武士小雕像的腰带上，也垂下一块类似的东西。［长达膝盖的衣服底下有宽松的白裤子的迹象，左右好像还有白色斗篷，］其余部分都已缺失。第二个人物身穿红衣，腿上套着高高的白色靴子（也可能是鹿皮鞋似的毡鞋）。靴子上有红色和黄色的细绳交叉着，一直延伸到脚踝，并好像系在了鞋上。红衣后面可以看到一张黄色的兽皮，［红衣旁和兽皮的边上露出白色的毛，］右边垂着一只兽脚，并露出白色的爪子。第三个人物穿浅红色外衣，用白色颜料来勾勒宽阔衣褶的轮廓线。外衣底下是鼓鼓囊囊的黄色裤子（或者是短裙般的绑腿），扎在白靴子中。［右边像是一件浅绿色斗篷］。膝以下的部分磨损得很厉害。第四个人物穿白色外衣，外面还罩着一件深棕色或深粉色外套。白衣上有黄点图案，很像柏孜克里克石窟壁画中飘在空中的花朵。底下可以看到有同样图案的深红色裤子，扎在黄色长筒靴中。最右边第五个人物毁坏得很厉害，只能分辨出长达膝盖的黄色衣服。此外，还可以看到白色裤子，裤子上有黄色点状图案。底下还能看出暗红色长筒靴，靴子上系着白色蝴蝶结。

　　底下那条楣梁上的画面要有趣得多。从这条楣梁顶上的那条线算起，保存下来的壁画约有4英尺高。但在3英尺高的部分以下，只保留着分开的小块画面。整幅画面的背景为赭黄色，头旁边的项光也是赭黄色。但头之间的背景一直到楣梁顶部，都是发棕的紫色。整幅画的内容是朝最右边那个坐姿神人礼拜和献祭。最左边的墙面被毁坏了。从这一侧开始，可以看到一个人物的项光（人物已经完全消失了）。然后是一个画得很清晰的男子的头部，头外面环绕着一圈窄窄的黄色项光，项光边先是浅绿色，再往外是粉色。在用明暗法进行处理时，使用了色调较深的红色颜料，使五官显得很突出。五官画的是四分之三侧影，很像拜占庭的作品。眼睛圆而突出，目光看向右上方。头上原来戴有头饰，但头饰上的着色已经完全消失了。项光的右边缘上可以看到一条红色的轮廓线，看来那个已经缺失的人物一只手中似乎拿着某物。下一个人物受到了水汽的严重损伤，水汽使一些地方的灰泥鼓了起来，还导致某些地方的颜料剥落了。这个人物的头部看得不是很清楚，只能看出他只有一个头，皮肤涂成肉色，头戴奇特的宝石头饰，看似有锯齿状的角。一条宽宽的深红色带子缠着头部，带子上装饰着黄色宝石。还有一圈黄色项光，颜色朝外边逐渐变深。绕了两圈的项链和绣花的衣服边是红色，装饰着黄色短横线。双手朝右端着一个富丽的深红色扁平盘子，盘子上有纵向的黄色凸纹。[凸纹有点像卵形。]盘子里面有很多小圆球，圆球边是黄色的，可能画的是水果。

　　第四个人物保留下来四分之三的长度。这是个三头人物，中间那个头完整地画了出来，两侧的两个头只用红色轮廓线画了侧影，而且比例比中间那个头小。左边那个头戴着缠头布状的头饰，头饰前面是颗发光的宝石。主头半朝右偏，这和仿佛在祷告的手势是一致的。双手掌心朝上，手指微屈。主头上有白色头饰的残迹，头饰上还有一颗火焰状的扣子。头后面有一个奇怪的物体，似乎是椅子背的顶部。这个物体涂成深红色，并有黄色装饰。耳朵上戴着大耳环，耳朵底下可以看到发绺的末端。脖颈上戴着宽宽的宝石项链。在项链下，从两肩上垂下来的两条深红色带子挂在胸前，带子上有小圆圈，画的是宝石璎珞。外衣是深绿色，袖子边是红色和黄色。里面的衣服是紫红色，好像长达脚踝，垂成宽大的衣褶。从衣服边底下露出人物的右踝和右脚，足背上有一条红色带子。而人物的左腿几乎被完全磨光了。

三头人物的对面就是整幅壁画的主要人物，也是最有趣的人物。此人的比例比其他人都大，是个年轻男子，转向左边，身体微弯，呈发号施令的样子。唇上有胡子，眉毛浓重，面部表情比较僵硬。前额上方的粉色颜料上，又画了一串深红棕色鳞片状物，好像是某种头饰。再往上有一团白色颜料，大多已经剥落了。成团的短发垂到后脖颈上。这样的短发以及鳞片状头饰在萨珊钱币上都是很常见的。右臂微微伸出，右手朝上抬，持一根弧形权杖。权杖涂成红色，并有黄色装饰，杖头抬到了人物头饰的高度。杖头的形状是很小的牛头，两根牛角分得很开。这个杖头很像鲁斯塔木的"古尔孜"，《王书》以及其他书中常见的伊斯兰时期的波斯插图中，常把鲁斯塔木的"古尔孜"画成这个样子。人物左手抬在腰部上方，但看不出手中持的是何物。

一件深蓝色的袍子从脖颈延伸到膝盖上方，盖住了从肘到腕的部分。袍子边上镶着一条深红色的带子，带子上的黄点图案与前面所描述的一样。右臂上只能看到这条带子。腰上系着一条深红色的腰带，中央有个圆形的宝石扣环。左腿从袍子底下伸出来，左膝屈着，腿上裹着华丽的窄裤子或绑腿。裤子是深红色的，上面绣着（或织着）繁复的黄色植物图案。左脚转向左边，脚上穿着深色的到脚踝的靴子。左大腿边悬挂着一把窄剑，剑鞘画成一条红色带子，顺着带子点缀着珠子。剑从可以看到的那条大腿后面穿过，在胫骨前面又露了出来。头上环绕着绿色项光。从脖颈后面朝上飘起两条弧形的白色带子，穿过项光前面，并伸出了项光之外。头饰也是白色的。我由此判断，这两条白带子就是萨珊石刻和钱币上的国王王冠后面飘飞的头巾状发带。从这个醒目的人物再往右只能分辨出一个侍者的头，比主要人物的头比例小得多，并转向前者。[1]

1　安德鲁斯先生下面两段笔记让我注意一些有趣的相似性：

低处那条楣梁中鲁斯塔木的姿势，和公元5世纪一个银碗上的国王叶孜德吉尔德完全一样。银碗上压出来的国王像中，也可以清楚地看出剑的位置很奇特，国王的右腿也是隐蔽的。实际上，这幅壁画和银碗上的国王像出自同一个原型。

剑之所以穿过小腿后面，是为了防止在坐下的时候剑别扭地从大腿旁边支出来。某位研究文物的有洞察力的艺术家注意到了这个细节。之后，其他艺术家也用这个细节来说明波斯人和他们的前辈是何等崇尚现实主义的艺术手法。

那个接受朝拜和献祭的坐姿人物无疑是个半神化的人，他手里持的牛头杖说明画的是锡斯坦传说中的伟大英雄鲁斯塔木。实际上，我们雇用的那些"奈扎"村民一下子就认出了这个熟悉的标志物，并很快把发现这幅壁画的消息散布开来。但在我看来，更有趣也更令人迷惑不解的却是呈朝拜姿势站在坐姿人物前面的那个三头人物。对三个头的处理方法，与中国新疆佛教艺术中的三头神完全一样，这就使我注意到此人物在其他细节上（如珠宝饰物、彩色项光和服装等）与中亚佛教绘画的共通之处。我不禁想起了在和田东北沙漠中的丹丹乌里克佛寺遗址发现的一幅精美的壁画 D.VII.6，以及那幅壁画一侧的一个人物。那个人物坐在带花的坐垫上，体形和富丽的服装完全是波斯风格。这个人物虽然出现在一个佛教朝拜场所，但和其他佛教神祇却截然不同。在描述那幅引人注目的画时，我曾强调说，这个人物无疑是来源于伊朗的，被当地人改头换面之后放在了佛教的万神殿之中。但当时却没有任何线索能说明他究竟是什么身份。

　　对照着在遥远的锡斯坦发现的壁画，我重新研究了那幅画，于是找到了这个线索。同时，这样的对照还有助于我们正确理解锡斯坦壁画的造像学含义。丹丹乌里克壁画中的波斯神祇有四臂。右下手握成拳，放在大腿上。左下手抬到胸前，持一件物体（我当时以为这是个金刚杵，但勒柯克教授说也可能是个杯子）。很容易看出，左上手举着的东西是个矛头。右上手也是举起来的，持一件弧形的长物体，这个长物体顶端的东西大部分已经被磨光了。

先前我完全凭着猜想，说那有可能是朵花。同科赫伊瓦贾的壁画比较之后，我们现在可以认出那件物体是一根权杖的头，这样就和人物的武士形象更为一致了。而两幅壁画中此物底下的支撑物都是弧形的，更证实了我们的结论。

如果我们认定丹丹乌里克的那幅壁画一侧画的是神化的伊朗史诗中的民族英雄鲁斯塔木，那么也有助于我们理解壁画另一侧的人物。那是个三头人物，有项光，皮肤呈蓝色，坐在一块装饰过的坐垫上。脖颈上和胳臂上佩戴着很多珠宝首饰，此外腰上还围着一张虎皮。他四只手中持的法器、底下画的两头抬头蹲伏的牛以及其他几处细节，好像是借自婆罗门教的湿婆或是他在佛教中的相应人物。而在锡斯坦的壁画中，神化的鲁斯塔木也和一个三头神祇画在一起，这不能不引起我们的注意。我还无法断定两幅画中的这个人物是什么身份，可能应该在伊朗的传说中查找他。如果是这样，我只能把这个问题留给有相关资料的更资深的学者去解决了。但在这里我可以大致指出一点：丹丹乌里克佛寺还有两幅壁画中也有这个四臂三头神。其中 D.X.5 也画了一个来自波斯的骑马者（但方向和锡斯坦的壁画是相反的），作为一个传说场景的主题。那个场景在别的地方也出现过，但迄今为止对它的内容还没有合理的解释。我们在这里看到的，有没有可能是起源于伊朗传说并从中亚佛教造像中传入的画面呢？[1]

我们应该充分考虑到这幅画与佛教造像之间的联系，然后才能正确理解这个遗址的其他壁画。我们是在过道 Gha.i 附近进一步考察时发现其他壁画的，不幸的是它们已经遭到了严重毁坏。但我们把遮住上面所说的那条绘有壁画的楣梁的后来筑的墙（α）剥去之后，在西角的绘有壁画的墙（β）的一条裂缝处看到了一块更古老的墙面（γ），它在里面 15 英寸远的地方。我们把那些楣梁都剥下来并处理过之后，就拓宽了这个豁口，使那堵更古老的墙露了出来。但我们发现，墙上的壁画只伸展到了角落右边 2 英尺远。过了这之后，墙面就完全支离破碎了（图88）。这堵最早的墙上只有小块的墙面保留下来，画着一个身穿袍子的立姿人物，几乎有真人大小。从姿势和服装上看，这个人物很像尊菩萨，我对中亚的佛教雕像和壁画中这样的菩萨是很熟悉的。

壁画的颜料剥落了很多。即便是没有剥落的地方，颜色也已经变淡了。因此，图88中的照片只能体现出人物的轮廓，而且只是细腰以上的轮廓。那个粉色的椭圆标志着头的位置，头上的细节以及晕染的色彩都已经消失了。还可以分辨出背光的残迹。脖颈下面画着个宽宽的红色项圈，装饰着宝石。从佛教艺术的犍陀

1　在此我要简单提一下诺勒得克教授的观点。他在对伊朗民族史诗的精辟分析中提出，鲁斯塔木和他的父亲扎尔本来大概并不属于史诗所说的传说世系。他在那里提了一个这样的问题：这两个人物是不是征服了锡斯坦的塞人从他们原来在中亚的居住地带过来的呢？

图88 加加沙过道 i 的西角，是拆掉晚期的墙后看到的情景（箭头所指是残存的立姿绘像的位置）

罗时期起，无论是绘画中的菩萨还是雕像中的菩萨都常佩戴这种项圈。胸和右臂上裹着件紧身的浅黄色内衣。从腰部以上一直到膝部，可以看到一件深红色衣服。从左肩垂下来一件斗篷似的棕紫色外衣。再往下，在左膝附近可以看到黄色衣褶，大概是内衣上的。由于灰泥脱落，底下的画面已经全部消失了。右肩上方有另一个头的痕迹，脖颈下面有条椭圆形带子。上面所说的这个菩萨般的人物的着色以及过道 i 后面墙上的着色，不同于 β 墙上的粗陋着色。

　　过道 i 后面的那堵墙有 4 英尺多厚。在拱形大门 δ 的上方以及两侧，还有小块的彩绘灰泥墙面保留了下来（在图 88 中可以看到大门 δ）。这块墙面和 β 上的壁画墙面是平齐的，由此可以判断角落两侧的壁画是同一时代的。残留下来的彩绘灰泥墙面只比拱形大门高 1 英尺多，可见大门是后来开的。这道大门宽 4 英尺 3 英寸，并不位于后来那条带顶棚的过道的中轴线上。过道有可能是在大门开了一段时间后建的。大门右边的彩绘墙面由于水汽和白蚁留下的泥巴的影响，已经无法辨认出连续的布局了。在拱形大门的上方，我只能在两个地方分辨出华丽的服装，还有一个呈放射状的红色背光。在同一堵后墙上再往左，过道的东南墙（是依后墙而建的）在某种程度上保护了墙面。把这堵后来的墙剥去之后，我们发现了 3 英尺宽的彩绘灰泥墙面。在白蚁的作用下，墙面大部分已经消失了。但在右边仍残留着一个约真人大小的人物的一部分，穿一件紫袍，好像把一个碗献给左边的什么人。人物的头已经支离破碎了，在头底下可以看到一条宽宽的宝石项链。左边的人物则只剩下了紫色袍子的褶皱边。

　　值得注意的是，在两堵比较古老的墙 β 和 γ 被后来的带堞口的大门前墙遮住的末端，墙面上都涂了白色灰泥。这两堵旧墙形成了一个房间的西北侧。由此看来，早在修建大门之前，这个房间就已经存在了，而且还进行过修缮（后来筑的外墙 β 就证明了这一点）。此后，在房间的西南墙开了那道拱形的门。至于原来的房间朝西南方向延伸了多远，我们已经无法判断了。但值得注意的是，这堵墙过了门后又延伸了约24英尺。

从 β 和 γ 墙面上的壁画来看，后来被建筑 i 占据了一部分的地方，原来是个大厅、内殿或过道，与佛教信仰有关的。伊斯兰教是大约在公元7世纪中期征服这里的。大体看来，这些壁画要早于伊斯兰教的征服。但由于鲁斯塔木那个神化的英雄在民族史诗传统中有崇高的地位，即便是狂热信仰伊斯兰教的人也可能会容忍那幅"鲁斯塔木壁画"的存在，把它当作世俗性质的东西。毋庸置疑的是，在萨珊时期（也可能在那之前），佛教在伊朗东部就有了立足点。至于佛教的影响向西延伸了多远，这个问题我们只能通过将来的考古挖掘来证实了。我对这个遗址的匆匆考察足以表明它可以上溯到很久以前。只有对这个遗址进行系统的清理和研究（那大概需要多年的长期工作），才有可能判断出它的主要建筑原来是作什么用途，后来在中世纪后期又是作什么用途的。从这些佛教风格的壁画上我们只能看出，"圣山"上的这个遗址包含一座佛教寺院。而在伊斯兰教到来之前，锡斯坦人自古以来大多数都是拜火教徒。由此可以判断，这个遗址曾吸引了更多的拜火教徒。下文将说到的《阿维斯陀》中的文字更证明了这一点。但从印度到中国都有足够的证据表明，在东方，人们常去的朝圣地，尤其是"自生的朝拜地"，常常有一些设施来满足完全不同的教派和信仰的需要。

从中央大厅 v 的位置和大小来看，它都是个很引人注目的地方。但由于它朽坏得很厉害，我无法判断出它的最初用意是什么。它是一座宫殿的主厅呢，还是拜火教徒们举行宗教仪式的场所？大厅面对着平台前面的墙上有浮雕，由此看来这个建筑也可能是世俗性质的，但这算不上是明确的证据，因此我们后来在平台底下发现的壁画意义就更重大了。壁画是在一条带拱顶的地下走廊（Gha.iv）中发现的。显然，这条走廊原来就在平台对着方形庭院的整条边底下，它的作用是支撑平台。如今，走廊已经朽坏，可以追踪到62英尺长。它破碎的开口在中央大厅的门廊附近（图83），之后走廊朝西南延伸过去。在我测量的时候，侧墙之间走廊的宽度是6.5英尺。正对着四边形的那堵墙上有道小豁口。我手下一个想找到更多壁画的人注意到豁口后面有块彩绘的灰泥墙面。我们把外面粗糙的土坯剥去了一点，露出了一个人物的一部分。这说明此处后来也添筑了墙，遮住了先前的墙和拱顶。显然，拱顶的状况以前就已经不太好，于是塞入了这堵墙来加固拱顶。

在露出来的那块早期的墙面上可以看到一个裸体男子的头和胸，是用赤褐色的颜料绘成的，我们一眼就能看出它是古典风格的。为了进一步揭示这幅有趣的画，我命人把附近后来添筑的墙尽量剥去。但为了保险起见，有必要先加固一下拱顶（拱顶在古代就已经不稳固了），并尽量减轻拱顶上方的土坯和碎石的重量。为了加固拱顶，我让人沿走廊的中轴线筑了一堵墙，一直筑到拱顶那么高。这项工作以及移掉走廊上方的平台土坯的工作，是在领事馆的公共事务部的监督下雇人完成的。利用这段时间，我还在南边的沙漠进行了勘察。我回来的时候发现，里面和外面后来添的墙面有15英尺长都被小心地剥掉了。可以看出，除了在第一次发现壁画的那个地方保留着8英尺长的壁画，白蚁以及潮湿的灰泥（后来添筑的墙面用的就是这样的灰泥）几乎把原来墙上和拱顶上的装饰都毁掉了。

但不知为什么，那块8英尺长的墙面上还保留着一幅有趣的壁画。在比原来的地面高3英尺的地方，可以看到两个面对面的人物，他们似乎是坐在地上。两个人物从头到腰的部分多少都保留了下来。右边的人物左腿朝外伸，左臂抬到了几乎与脖颈平齐的地方，手中握着不可辨认的某物。右腿放在地上，右臂顺着右腿伸出，但由于灰泥上有一条大裂缝，右臂大部分已经缺失了。裂缝大概是白蚁造成的，从头顶上方的那条楣梁斜着穿了过来。头是侧影，约5英寸长，五官是纯粹的古典风格。和人物的其余部分一样，头也只是用赤褐色画了轮廓线。整个人物奇怪地使人想起了希腊花瓶上对人物的处理。对面的那个人物毁坏得更厉害，但头保留了下来，胸和胳臂也保留下来很多，可以看出他的姿势和右边那个人是密切对应的。乍一看，这两个人好像在玩什么游戏。背景被白蚁啃啮得很厉害，看不出什么细节。显然，赤褐色颜料不大合那些具有毁灭力量的白蚁的口味，所以人物才保留了下来。

以上这些文字是我在走廊暗淡的光线下看到的情景。后来，这幅壁画在新德里拼了起来，安德鲁斯先生仔细研究了壁画，并提供给我下面的文字："灰泥墙面上用蛋彩颜料绘着两个腰以上都赤裸的年轻男子，两人面对面。每人腰上的白色衣纹表明他们都系了裹腰布。左边的人物基本上呈侧影，双肩微朝左转，身体朝右倾，双臂都完全伸出，双手在腰际握着一根矛（或绳子），矛（或绳子）横穿过画面。头基本缺失，好像是侧影，目光看向第二个人。头后面可以看到一部分白色发带。"

"右边的人物头保存得要好一些，呈现的是完美的希腊风格的侧影，充满朝气的眼睛圆睁着，一条白色发带缠在头上。由于左臂的姿势，双肩朝右转。左臂后举，屈肘，左手在肩际，持一根竖立的棍或矛。右臂朝左伸，右手与腰平齐。这个姿势是正在防卫的击剑者的姿势。实际上，这两个人看起来像是一个在进攻，一个在防守。"

"人物的线条非常逼真，本质上是希腊化风格。左边那个人物背部的弧形线条、胸部和腹部的线条表现得很好。几乎所有的细节部分都缺失了，所以现在的人物看起来就像是剪影一般。人物的背景如今已经变成了白色，背景上有一串竖立的叶子，好像是画得比较粗糙的莨苕叶。这串叶子部分地出现在人物头部的后面和上面。叶子上方又是一串横向的花和叶子，花环上每隔一段距离就缠绕着一条飘带。"

这里的灰泥墙面比 Gha.i 的墙更细腻，也更硬。于是，尽管上面所说的那幅画面已经遭受了那么多损坏，我们还是把它剥了下来。墙上用了两层灰泥，每层约有1.5英寸厚。画面上方还保存着一小块装饰性的楣梁，原来的楣梁在走廊的外墙上伸展了很长的距离。墙顶部比地面高8.5英尺，墙顶上的土坯朝外伸出2英寸，支撑着拱顶。这层土坯底下是一条3.5英寸高的圆线脚，涂成深红色，线脚往下就是一条28英寸宽的楣梁。从草图上可以看出，楣梁是由不同颜色的条带构成的。其中最宽的条带上是设计得很好的旋涡饰图案，看起来像是一条用飘带系着的花环。整个装饰和底下的人物一样，都明显可以看出希腊化风格的影响。在内外墙上的其他地方也可以看到与此相同或极为接近的装饰，但都比较模糊。剥去后来的土坯后，我们发现的灰泥墙面上的壁画都磨损或破碎得极为严重，无法判断其布局。但值得一提的是，过了上文所说的那幅画面后5英尺的地方，可以分辨出一条大帷幔状的弧形部分，弧形部分上是一系列不同颜色的条带。在帷幔的顶部和底部可以看到叶子般的形状，但画面的布局我们还不清楚。

我们清理了走廊西南端上方的碎石后发现，有一道门（κ）通到了房间viii里面。大门右侧底下装饰着一块硬灰泥墙面，墙面上有凹陷的几何图案，凹陷表面的凹槽中仍有红色颜料的残迹。门里一直到这块墙面的上方都塞满了土坯，这在一定程度上保护了墙面。灰泥从这块装饰底下一直延伸到地面上。没有什么证据能表明这里的灰泥装饰和我们发现的屋子viii是同时期的。而且，它看起来也绝对晚于底下走廊墙上的壁画。而那条走廊位于平台底下，平台上就是中央大厅v，整个方形庭院以及庭院周围的建筑都是以那个大殿为基准修建的。从走廊的位置看，它属于遗址的早期部分。现在我们还很难断定那里的壁画究竟是什么时候绘上去的。但考虑到那两个面对面的人物是不可置疑的希腊化风格，以及平台墙的其他建筑细节（如扶墙后面隐藏着的陶立克式柱头），都使我不免得出这样的结论：整个遗址的中央部分是在萨珊时代早期修建的。

第四节　山顶的遗址

在围墙的北面之外，陡坡一直朝上延伸到了悬崖的脚下（图71），山顶的边上大多数地方都是这样的悬崖。凡是坡上容许进行建筑的地方，我们都发现了用石头垒成的粗糙平台，平台上是墓葬。这样一来，围墙围住的地方四周就环绕着一块宽阔的墓地。大多数墓葬都按照伊斯兰教的习俗进行了准确的定向。墓葬的低矮石墙上放着的扁平石块都塌落了，可以看到里面已经发白的骸骨。有些分布紧密的墓葬群离河床很近，偶尔会有雨水顺着河床从围墙两侧流下来。河床边上和里面这里那里不时有用大石块垒成的护墙。它们的用意可能更多的是防止水流冲击墓葬，而不大可能是为了收集雨水。

有一条保存得很好的路，顺着悬崖在用墙垒起来的斜面上攀升。从这条路可以来到高地最高的边上，那里大约比加加沙最高的遗址还高200英尺（图72）。有一处地方需要在光秃秃的石壁上攀登20英尺高。路顺着一条天然的石道走，然后穿过了一段粗陋的石墙，绕过了山顶石边上的一个凹陷处。从东北俯瞰着这个凹陷处的那个制高点，就是被称为科克伊扎尔的带围墙的小遗址（图89）。那里厚厚的土坯墙围住了一块长约50码、宽约30码的地方。依着西北面的墙有一排带拱顶的方形屋子，朝向加加沙的那个面上也有一组带拱顶的小屋子。这个带围墙的遗址，其用意无疑是为了保卫底下那个遗址不受来自上面那个制高点的进攻。

从前面所说的那个凹陷处出发，顺着一段残墙朝西南方向攀登约50码，就来到了一座完全坍毁的小丘。小丘坐落在石头地基上（图89的前景）。那里大概本是座塔，以便戍卫那条从凹陷处朝下延伸的道路。再朝西南走约160码就来到了另一座这样的小丘（图71）。它在悬崖的顶上，悬崖底下就是加加沙的外围墙终止的地方（图69）。

顺着高地边上朝西走约0.33英里，就到了一个叫奇西勒杜克塔兰（意为40个女子）的遗址。这座堡垒占据了高地朝外伸出的一个部分的最末端，南边和西边都是极陡的悬崖。在西面它俯瞰着达拉依索克塔小谷地，从那条谷地到山顶上来是最容易的。显然，就是为了戍卫那条路，小堡垒才被置于此。它的围墙是用摆放整齐的结实的土坯筑成的，围成了一个长约40码、宽30码的长方形。大部分围墙上都有观察孔，观察孔比地面只高出约几英尺。

图89　科赫伊瓦贾山上的科克伊扎尔遗址

大门开在东墙中间，门两侧有两座小圆塔，其中一座圆塔中用拱顶分成了上面一层和底下一层。围墙四角是圆形棱堡。顺着西墙里面有一个长长的大厅，原来也有圆顶，大厅地基用大致呈方形的大石块垒成。顺着北墙和东墙也发现了类似的做地基用的墙，说明那里是已经坍毁的小屋子。在这座小堡垒以及科克伊扎尔发

现的陶器碎片大多是质地很好的红陶，外表上有凸纹，在加加沙发现的典型陶器也是这样的。从这一点以及小堡垒的状况来看，奇西勒杜克塔兰和加加沙属同一时期。泰特先生记述了一个很流行的传说，说明这座堡垒为什么叫这个名称。在北边80码的地方，可以看到一圈破败的用粗糙石头垒出的方形围墙，大概是一个萨

拉依（旅舍、馆舍——译者）。再朝这个方向走20码，就会发现一组用同样方法建筑成的屋子，它们从东到西延伸了约30码远。

在科赫伊瓦贾山顶上发现的其他东西也具有考古学价值。它们有力地说明，至今人们仍把这里看作是一个神圣的地方。在古道经过石坡上的凹陷处的地方附近，有一块石头中有两个圆形的孔洞。据说这是鲁斯塔木那匹著名的马留下的脚印，这两个"脚印"被称作"祖木依杜尔杜尔"。传说以前从脚印中曾冒出一眼泉水。再往上，科克伊扎尔西边约250码的地方有块更大的石头，传说那上面保留着"瓦贾"即神圣的阿里留下的特别长的脚印。所说的"脚印"，实际上就是两条约2英尺长的凹槽，凹槽之间是石头表面自然形成的褶皱。一道粗陋的石头墙保护着这个神圣的地点。与印度东北边境和中亚的很多地方一样，这里的当地崇拜是很坚定的，这种崇拜大概用伊斯兰教的圣人替换了乔达摩佛。

成千上万从锡斯坦各地来的信徒都来朝拜高地北边的一组圣陵（图69、90）。尤其是在新年庆典的时候，整个高地顶上都是狂欢的场面。主要的圣陵是山顶附近的"皮尔·加尔坦"。在比较低的地方我还发现了另外三座圣陵，那里有竖立的大石头，朝圣者的祭品就放在大石头附近。在传说中的皮尔·刚都木的安息地，人们的祭品是谷物。另一座圣陵据说安息着一个叫皮尔·奇里的圣人。人们说他是个来自印度的米拉西（即行吟的歌者）。

从图70中可以看出，圣陵周围的所有地方都是墓葬。墓葬大多数在地上，但并非所有的墓葬都如此。这里有很多粗糙的石块，

图90 科赫伊瓦贾附近的萨亚德人的芦苇屋

所以这样的埋葬方式大概比在石质地面上挖坟墓更方便。可以肯定的是，这里的绝大多数墓葬以及加加沙附近山坡上的墓葬中埋葬的都是伊斯兰教徒，但我也注意到有几座墓葬并不是按照伊斯兰教的正统方式定向的。我看到的大多数墓葬被打开了。当地人告诉我，"三四代人之前"，锡斯坦的村民大规模地洗劫了这里，据说当时他们找到了不值钱的小东西、珠宝等。要打开几百座这样的墓葬是很费力的，这说明当地人说的话还是有点根据的。

这块高地还有一个很奇特的特征。在科克伊扎尔和圣陵之间，基本平坦的地面上有很多挖出来的大坑。它们无疑本是古代的采石场。考虑到它们的位置，它们只可能是为那些地面墓葬提供石材的。在坑里或者坑附近，我只能看到天然的岩石，还有不能用于建筑的小块石头。坑附近的地面上是大堆大堆这样的小石头片。据说下雨之后，在一段不长的时间内坑中能储存一些水，朝圣者充分利用了这里的水。但大坑最初不可能是当作水库用的。

圣陵、墓地和地名都证明，从很久以前起，人们就崇拜着科赫伊瓦贾山，对此我们无须多说。这座山顶上是火成岩，孤独而醒目地矗立在辽阔而平坦的沼泽以及锡斯坦盆地冲积平原的中央。显然，从很早的时候起，这样一个地方就会受到住在附近的人们的崇拜。用印度的神秘术语来说，这个地方对附近居民来讲成了一个"自生的崇拜地"。幸运的是，我们可以从伊朗最早的宗教文献《阿维斯陀》中找到证据，说明这座山在古代就已经盛名远扬了。令我十分高兴的是，我发现《阿维斯陀》中的"乌什德浩山"就是科赫伊瓦贾山。

《阿维斯陀》中的赞歌写道："[我们崇拜]那个人不可企及的光辉，他统治着赫尔曼德河汇成的 Kāçaoya 湖。乌什德浩山就在那里。环绕着乌什德浩山，很多条山溪汇流在一起。朝这座山流的有 Hᵛāçtra 河、Hvaçpa 河、Fradatha 河、美丽的 Hᵛareṅuhaiti 河、宏大的 Ustavaiti 河、岸边布满牧场的 Urvadha 河，还有 Erezi 与 Zarenumati 河。这些河都汇流在一起。美丽光辉的赫尔曼德河也朝这座[山]流淌，并汇入湖中。"这样的释读就是达麦斯特特教授在法语译文中使用的版本。它不仅和原文的字面意义极为吻合，而且地理学事实也证明它是正确的。我认为《阿维斯陀》中提到的前四条河分别是现在的哈什河、胡斯帕斯河、法拉河、哈鲁特河，这四条河也是按照从东向西的顺序排列的。

正确释读了"乌什德浩"这个名称后面的那些文字，再加上我们现在对锡斯坦盆地的地形知识，由此我们可以看出，"乌什德浩山"就是科赫伊瓦贾山。这也有助于我们理解这座山为什么是神圣的（《阿维斯陀》有几个章节提到了神圣的"乌什德浩山"），也有助于理解它的名称起源于何处。

现在让我根据上面讨论到的赞歌，来简单说一下赞歌中提到的另外四条还没有被辨认出来的河，即 Ustavaiti、Urvadha、Erezi、Zarenumati。我们上面已经证实了乌什德浩山的位置，这些河都汇入了乌什德浩山"周围"。于是我想到，是否应该在地图上标的从西边山上流入盆地的那些河流中寻找这四条河。的确，只有在比尔詹德和奈赫的那些山脉下了特别大的雨的时候，这些河流的水才会泛滥到哈木恩中来。但哈什河、胡斯帕斯河以及哈鲁特河也都是这样的。前四条河的名称完全是按照从东向西的顺序排列的，而最后提到的是赫尔曼德河，这也支持了我的假设。但我从这些溪流现代的名称中却无法找到直接的证据能支持我的假设，这个问题只有在将来进行现场考察之后才能解决。

以上是我在哈木恩东滨附近停留期间观察到的东西。在结束这段描述之前，我最后要简单提一下我在那里遇到的萨亚德（即渔人）小部落。这个小部落过着"两栖"的生活。有充分的历史证

图91 在奈扎尔附近做人类学测量的萨亚德渔民

据和传统证据表明，锡斯坦现在的居民人种很多样化，大多数是
通过一次次征服和迁徙来到这里的。而最多地保留了原来的人种
特征的，就是萨亚德部落。他们在哈木恩长着芦苇的潟湖边狩猎、
打鱼，生活方式特殊而原始，这使他们与农业人口保持着很大的
距离。出于生计考虑，他们必须随着湖的季节性变化而迁移，本
质上过着流动不拘的生活。他们的住所不断变换，住的都是临时
性的芦苇棚子（图90）。而且，按照部落的传统，湖和沼泽的不同

部分被指派给不同的家族，这也是和他们特殊的流动生活方式相符的。

显然，这样的生活条件使萨亚德人很少与他们那些过定居生活的"邻居"来往。在萨亚德人中，害羞和自立这两种特性奇怪地混合在一起。后来我费了不少周折才收集到了这个部落的人类测量学资料，那一次经历使我意识到了萨亚德人的自立特性。这些资料是从住在离道路不远的地方的萨亚德人那里获取的（图91），那条道路穿过"奈扎尔"，朝班丹延伸过去。[1]把这些资料与我从锡斯坦人和在锡斯坦服役的那些俾路支人那里获取的大量资料比较一下就能看出，萨亚德人很可能是陷入穷苦境地的土著人的后裔（乔伊斯先生就指出了这一点），而不太可能像某些人猜测的那样是阿拉伯血统。

---

1 1月末，当我抽出时间来收集人类测量学资料的时候，印度向比尔詹德派驻了军队，因此要征调萨亚德人来制造大量的土丁（即芦苇筏子）。当时，由于哈木恩湖水泛滥，到班丹去的路沿线的地区已经被淹没了，所以要用到筏子。而且，只有萨亚德人知道怎么制造和使用这种筏子。但尽管萨亚德人会得到丰厚的报酬，他们还是被吓坏了，带着家眷和一点家产逃到了沼泽里的芦苇丛中。他们像野鸭一般藏在那里，离湖岸很近，从岸上就能听到他们的声音。但对于不太习水性的人来说，是完全无法抓到他们的。关于我最后怎么说服他们从那个安全的栖身地出来，接受人类学测量，这又是另一个故事了。

第四章

波斯境内锡斯坦绿洲的遗址

第一节　沙利斯坦及其附近的遗址

现在，让我们从哈木恩湖滨，转向现在波斯境内锡斯坦垦殖区的对面，即垦殖区的东端。那里的平地上矗立着一些高地，赫尔曼德河水可以灌溉到或泛滥到那里，于是一些非常古老的遗址被保存了下来。其中最古老的，当属被称作沙利斯坦的那个遗址了。它占据着一座独立的土岭顶部。土岭醒目地矗立在冲积平原上，不远处就是波斯境内三角洲的主要水渠从锡斯坦河上引出去的地方（目前锡斯坦河是赫尔曼德河的南支）。这座岭是一座覆盖着砾石的高原的最外围。高原顺着赫尔曼德河左岸朝南延伸了很远，把赫尔曼德河与从哈木恩到济里盐沼的冲积平原分开了。岭顶部视野极为开阔，赫尔曼德河三角洲的头部尽收眼底，这个三

图92 沙利斯坦遗址所在的岭,从东方看到的景象

角洲从大锡斯坦坝开始,包括赫尔曼德河的两条支流锡斯坦河和纳德阿里河之间的全部地区。

　　沙利斯坦岭南北延伸了约1英里,最高的地方比岭东边脚下延伸的那条水渠的岸高80英尺(图92)。一条被侵蚀而成的小谷把岭分成南北两半。从图93中可以看出,南半部分上有古代围墙遗址,北边那个小部分上则有一些近代小建筑,如伊斯兰墓地旁边的几座坟墓的圆顶。过了这一小部分后,岭继续延伸成了低而窄的高地,一条小谷把高地与岭的主体隔开了。南边那圈围墙长约800码,朝北的那一端最宽,有250码。围墙用土坯筑成,本来特别厚,现在已经严重坍毁。围墙以及加固围墙的塔和棱堡大部

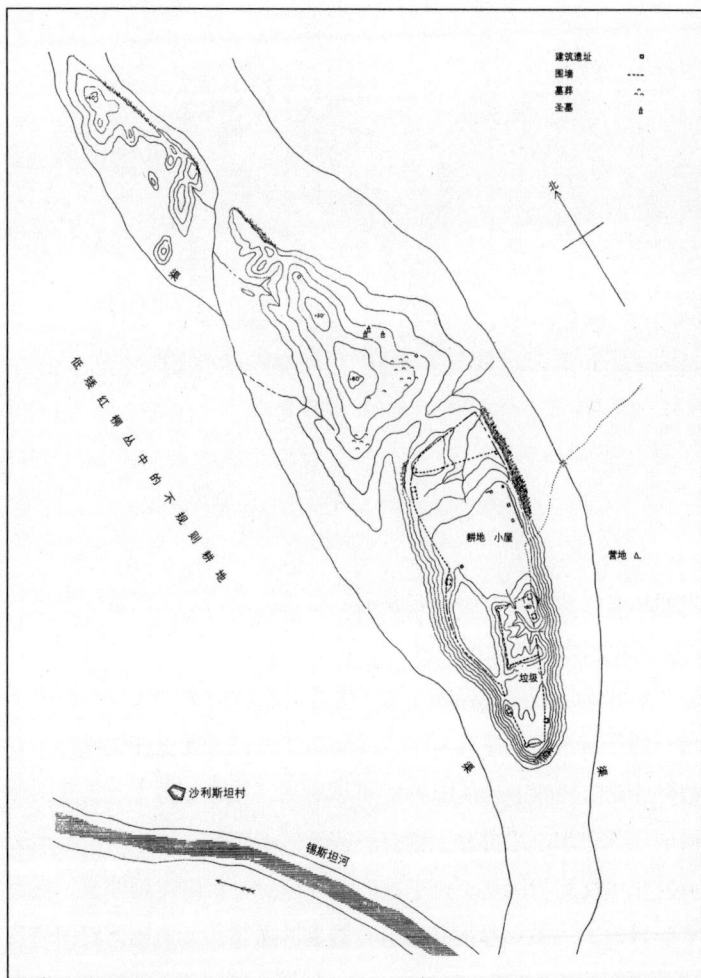

图93 锡斯坦沙利斯坦遗址平面图

分已经变成几乎辨不出形状的小丘了。围墙最北端的山坡是最平缓的，容易受到攻击，于是筑了两道围墙，这两道墙如今都已只有残迹。南端的岭最高，那里的遗址是一座堡垒或宫殿，是一个四边形建筑。在堡垒的东北角，地表上仍可以辨认出一些土坯。

尽管外围墙和里层堡垒的围墙都特别厚，却朽坏得很严重。由此看来，这是一个十分古老的遗址。考虑到遗址所在的地面既没有地下水的侵害，也不会受到风蚀作用的影响，这一点就更值得注意了。整个区域内都有大量的陶器碎片。我观察了这些碎片后，也觉得这是个古老的遗址。安德鲁斯先生仔细研究了我带走的那些带装饰的碎片，他也证实了我的推断。关于陶器碎片提供的证据，我们还必须考虑到在锡斯坦其他遗址获得的经验。

有两个现象是特别具有启发性的。其一，这里有数量极多的带规则凸纹的精美陶器，这在加加沙就极为常见。可以肯定，这种陶器是萨珊时期的，甚至有可能更早。其二，不论是早期还是晚期的伊斯兰遗址，都会有大量带釉的陶器碎片，而这样的碎片在这里却极少见。另一方面，我在沙利斯坦捡到了比较多的带装饰的碎片，而我探访的锡斯坦众多伊斯兰遗址中都没有这样的碎片。就锡斯坦地区来说，这里的陶器碎片的装饰风格是很古老的。碎片上的图案有的是刻画上去的，有的是击打上去的，有的处理成浮雕。有一点是值得注意的：我在沙利斯坦和加加沙都没有遇到一件彩绘的史前陶器，而我在探访沙利斯坦遗址之前和之后于锡斯坦现在的垦殖区南边的沙漠中考察了一些风蚀遗址，那些遗址中就有很多彩绘陶器。

只有经过系统挖掘后，我们才能找到明确的证据，来说明遗址中最古老的部分可以上溯到什么时期，以及后来遗址又沿用了多长时间。但我认为，上面说的那些线索已经足以告诉我们，沙利斯坦可以上溯到萨珊王朝之前，但可能在萨珊时期也沿用了一段时间。从那之后，这座岭上的残墙也许偶尔也被人们当作临时栖身的场所。现在那里有几个小棚户，住在那里的农民最近刚将丛林开垦成农田。我敢肯定，在遗址最终被废弃之后，最多只会有这样的几间小屋出现在那里（图92）。

当地人的确认为沙利斯坦遗址是极为古老的。但尽管我询问的时候特别小心谨慎，我还是没听到他们把现在这个遗址叫拉木·沙利斯坦。而泰特先生说，这就是拉木·沙利斯坦。依据这个地名，他认为这里就是伊斯塔赫里的一段文字中提到的拉木·沙利斯坦。亨利·罗林森爵士引用过那段话。那段文字中说，拉木·沙利斯坦是锡斯坦的古代都城，当时已经成了废墟，位于到克尔曼去的路上，离扎兰季（纳德阿里）有三天的路程那么远。扎兰季是中世纪早期的都城。人们普遍认为（这种看法似乎是正确的），扎兰季位于纳德阿里河上游，在沙利斯坦东北约12英里远的地方。所以，如果古书中说"三天的路程"这个距离是正确的，就应该到西南方更远的地方去寻找拉木·沙利斯坦。[1]

从沙利斯坦出发，我探访了一个叫阿提什卡达赫或阿提什伽赫（意为火之庙）的遗址。它位于基马克村西边，与沙利斯坦的直线距离有6英里。遗址坐落在一座窄土岭的最北端。土岭非常孤立，像一块台地。附近有一条宽阔的地带，有时锡斯坦河的河水可以泛滥到这里来。土岭呈南—南东到北—北西走向。土岭北段（图93）长约160码，一条护城河般的小谷将土岭北段与它的其余部分隔开了，谷附近的北段高达60英尺。从土岭的走向看，它和沙利斯坦一样也是南边高原的外围部分。小谷陡峭的南侧的土中开凿了一个约10英尺见方的小洞，洞的后面有个神龛，洞顶3英尺以下的地方都塞满了流沙。洞东边还连着一个形状不规则的更小的洞。离谷最近的岭顶上是一圈围墙遗址，围住的地方有72英尺见方。围墙约4英尺厚，已经严重坍毁了，在东面几乎无法辨认出来。过了这座小堡垒之后，在离小堡垒只有约10码远的地方又是一圈较小的围墙，外面还有一圈约32英尺见方的外围墙。外围墙之内有一座圆塔，围墙和塔之间是一条约8.5英尺见方的过

---

1 出于这个原因，亨利·罗林森爵士提出，拉姆鲁德（Rāmrūd）有可能就是拉木·沙利斯坦。诚然，现在被叫作拉姆鲁德的那些遗址都是近代的。但在那个地点东北，我发现了一个年代要早得多的遗址。从地图上看，它们与扎兰季之间的直线距离约有56英里。

值得一提的是，在最初发表的锡斯坦考察记录中，正文中说的那个遗址标的是沙利斯坦，而不是拉木·沙利斯坦。

道。里面那圈墙比塞满碎石的过道高9英尺，墙上还有观察孔，好像分成两排。塔西边和北边不远的地方有两个小建筑的遗存。

土岭的最北端矗立着一个十分醒目的遗址（图94）。这个遗址里面是个大厅，大厅前面连着一个前厅。墙厚约5英尺，用土坯筑成，有些地方的墙仍高达20英尺。在大厅的西墙上可以辨认出拱，拱上面原来支撑着圆顶。拱的土坯垂直放置，土坯的长边和拱的方向一致。在中间，南墙和北墙的大部分都已经消失，大概是盛行风，即锡斯坦的巴地萨德沃比斯特罗兹风侵蚀的结果，所以无法看出大厅和前厅的入口在什么地方。但在大厅南墙的右边有一条带拱顶的高过道，约5英尺宽，从前厅向大厅敞开。

这个醒目的建筑很有意思。考虑到它的布局，以及它两侧的地面都很有限，说明这不是个防御工事，也不是居住的地方。所以它的名称阿提什卡达赫或阿提什伽赫必须引起我们足够的重视。这个名称是我们从当地人那里听来的，信息来源准确。我们知道，拜火教信仰在整个中世纪一直在锡斯坦绵延不绝，今天的克尔曼和亚兹德仍有拜火教的残余。这样我们就可以理解这里的地名了。从 Vendidad 两篇最古老的手稿的文末题记看，它们出自另一篇手稿，后者是公元1205年一位拜火教的牧师在锡斯坦抄写的。他来自印度，到锡斯坦来是为了给帕西人（公元8世纪为躲避迫害而从波斯移居印度的拜火教徒——译者）取经。即便在公元1511年，帕西商人带到印度的一封信中还说锡斯坦的拜火教徒有2 700人，

图94　从南面看到的阿提什伽赫的主遗址

是伊朗当时最大的拜火教团体。

　　在拜火教信仰在锡斯坦开始逐渐消亡之前，这个遗址就已经废弃了很久。从严重坍毁的遗址和从这里发现的大量陶器碎片的类型中都能看出这一点。大多数碎片都是有精致凸纹的那种类型，这样的碎片在加加沙是极常见的。这些带凸纹的碎片的一个典型特征就是大多数的表面都涂有鲜艳的红色，还有一些碎片是带装饰的。值得注意的是，我在这里没有发现一块上釉的碎片。为了进一步说明陶器碎片提供的线索在锡斯坦有多大价值，我要说一下一小圈围墙。这圈围墙是我们在去阿提什卡达赫途中并离它有1.5英里的时候路过的。我们的向导说，这两个遗址属同一时期。但小围墙那里有大量带釉的陶器碎片，却没有带凸纹的碎片。所有的迹象表明，小圈围墙修建于伊斯兰时期晚期。

泰特先生提到，这附近还有残塔遗址，它们在近代被当作瞭望塔用，但大概本来是拜火教的寂塔（即达克玛，拜火教徒死后曝尸之塔——译者）。为了寻找这些残塔，我从沙利斯坦出发后探访了一个地方，我听到有人把它叫作达克玛。泰特先生曾提到一座塔坐落在经过沙利斯坦到纳斯拉塔巴德去的路边的一座小丘上，我探访的大概就是这个地方。过了马利克海达尔村，在离沙利斯坦约4英里的地方有一块覆盖着砾石的小高地，上面的伊斯兰墓葬中有几座圆顶的坟。从地名来看，这个地方曾是一个以拜火教的正统方式处理死者的地方，但没有什么塔保留下来。再朝南——南西方向走1英里，又有一块比平原高30英尺的小高地，高地上有一圈用夯土筑成的圆墙，直径约80英尺，还有一道约6英尺宽的大门。北边约60码远的地方又有一圈同样类型的圆墙，直径有140英尺多。这些圆墙看起来像是羊圈，所以这个地方才叫作阿忽尔（意为羊或马的食槽）。在锡斯坦，只要是大致呈圆形的遗址都会被称作阿忽尔，而且这样的地方一般都和传说中鲁斯塔木的骏马拉克沙有关。没有任何迹象表明这里是寂塔。西边200码和东北边300码远的地方，各有一座孤立的小丘，小丘上有两座方塔遗址，使用的土坯都很小，看来是伊斯兰时期的。

第二节 锡斯坦坝以及赫尔曼德河的古名

我在锡斯坦河以北探访了一些遗址，它们的年代都比较晚。在描述这些遗址之前，我要简单提一下锡斯坦坝。在沙利斯坦南边8英里远的地方有一条大水坝，赫尔曼德河在那里分成了两支，灌溉着锡斯坦现在的垦殖区。这条水坝很可能有考古学价值。因为，自古以来，锡斯坦地区的灌溉都要依靠修建与现在的锡斯坦坝差不多的坝和堰，而之所以会有农业人口定居在这里，也是由这里的灌溉条件决定的。和所有进入三角洲地区的尾闾河道一样，赫尔曼德河的河道也会不时发生大变动，现在的萨那河和比亚班河（也叫图拉昆河）的干河床就证明了这一点。我下面要说到的遗址证明，在历史上相距遥远的不同时期，比亚班河曾把水带到了锡斯坦的南部三角洲，而现在那里已经完全成了沙漠。

但不管赫尔曼德河走的是哪条河道，要想利用河水灌溉大面积的地区，都必须用水坝来控制河的水量。春雨下过之后以及山上的冬雪融化完了之后，赫尔曼德河的水量会锐减，所以有必要建水坝。同时，夏季和秋季的酷热和大风使平原上蒸发过度，水源就更少了。由于泥沙的淤积以及相伴出现的其他情况，河床会逐渐抬高，导致主河道会经常变动。但不论河流如何改道，要想让河中有足够的水来灌溉农田，一年中大部分时间都要完全依靠

图95　横越赫尔曼德河的锡斯坦坝，从波斯岸上的坝头附近看

水坝。

　　在不同的时期，根据不同的情况，人们建了一系列这样的水坝，锡斯坦坝只是最晚的一条罢了。当地人说，那些早期水坝的位置在现在河道的上游，一直到一个叫卡码勒汗港的地方。在那里，一直到喀拉依比斯特，赫尔曼德河都是流淌在一条轮廓分明的河沟中。出了河沟后，河在卡码勒汗港朝北拐了个大弯，应该说赫尔曼德河三角洲就是从那里开始的。阿富汗那一侧的旧河道边曾有人居住，现在则全是沙漠，大面积的遗址标志着原来的垦

殖区的位置。那些旧堤坝与旧垦殖区之间有什么关系，这是个很
有历史价值和考古学价值的问题，我只能把它留给将来某个有资
格的学者来研究了。他不仅应该亲自考察那些遗址，还应该研究
一下锡斯坦外交使团的灌溉学大专家托马斯·瓦尔德爵士收集的
那些丰富资料。但我们大概可以说，那些古代工程在基本特征上
可能和现在的锡斯坦坝差别不大，而每年都修锡斯坦坝是关系到
整个锡斯坦地区繁荣的一件大事。

　　从图95中可以看出，锡斯坦坝是一条顶部约6英尺宽的土堤，

并用红柳捆加固（锡斯坦的河道两岸和塔里木盆地的河岸一样有大量红柳），还用红柳筑成护墙，将坝底拓宽到21英尺。大坝每年都要修一次，时间是在夏末或秋初水位很低的时候。那时，大坝几乎横贯大赫尔曼德河。而在下游约10英里的地方，主河道分出了帕里恩河和纳德阿里河两条支流。坝上只留出一条小水道，让水顺着主河道流下去，其余的河水都转入了锡斯坦河，这条河灌溉着伊朗境内的锡斯坦的大部分地区。到三四月的时候，河水的春季大泛滥把整条大坝都冲走了。那时侯，人们主要关心的就是如何防止赫尔曼德河那两条东部支流泛滥出自己的河道，那样就会冲毁灌溉水渠的头部，淹没哈木恩北部附近的农田。据说，要修好这条大坝，得用1 000个人干上二三十天。考虑到赫尔曼德河在泛滥的时候水量极大，而在夏末和秋天水量却非常有限，有人认为这种修临时大坝把河水导入一条主要支流的古老做法，是最适合这个三角洲的水文状况和地面状况的。如果在得力的管理下，赫尔曼德河的灌溉量可以达到埃及和印度某些地区的水平，那么锡斯坦坝这样的工事就足以确保三角洲地区全部农田的灌溉了。

在此我要指出的是，赫尔曼德河上这样的水坝对锡斯坦的农业生产而言至关重要。它们不仅和这一地区的历史有密切关系，而且有助于澄清赫尔曼德河自身的名称。《阿维斯陀》中保留着赫尔曼德河的古名"海图曼特"。从字面来看，这个词就是"有堤坝"的意思。Vendidād 中有个章节就体现了 haêtu 的这个意义，正像在语音上与 haêtu 对应的梵文 setu 一样。自从这条河第一次被用来给定居的农业人口提供灌溉水源开始，每年在主河道上修堤坝并维护众多的小水渠，在锡斯坦就是一件大事。考虑到这个重要事实，我们就会明白为什么河的古名会是那样的了。这也有助于我们理解，为什么在《阿维斯陀》中曾有两处把锡斯坦地区称作海图曼特。

第三节　扎黑丹遗址以及西北方的晚期遗址

从赫尔曼德河三角洲现在有人居住并实行灌溉的地区的自然状况看，任何比较古老的遗址要想在那里保存下来，一个必要条件就是在遗址被废弃后，遗址所在的地面应该没有受到过水汽和冲积物的影响。而如果进行灌溉，或是地面偶尔会被泛滥的河水淹没，就会产生水汽和冲积物。近些年来，在赫尔曼德河三角洲的北部（也就是现在仅存的部分），那些支流的河道多次发生重大变化。依赖着河道的水渠系统也相应地发生了变化。现在的垦殖区以东阿富汗的土地上有大面积的遗址，充分说明以前河道也变更过。但在波斯境内的北部三角洲地区，在赫尔曼德河及其尾水延伸出来的部分锡克萨河以西，有些地方曾因为无法灌溉或是其他原因（如敌人大举入侵等）在不同时期被废弃了。但当河道的变更使人们又能进行灌溉，或是人为的因素使人们又可以收复被废弃的肥沃土地时，这些被废弃的地方一次又一次地被重新耕种了。

因此，人们仍能记得有大面积的遗址消失了，或者是被埋在了厚厚的冲积物下面（河的支流被导入新水渠后，带来了这些冲积物），或者是被开垦成了农田。因此我们就能明白，除了上面所说的那几个坐落在高原外围的"小岛屿"上的遗址（如沙利斯坦、阿提什卡达赫），为什么上述这一地区保存下来的所有遗址都是伊斯兰时期的。

这些遗址中面积最大也最醒目的无疑要属扎黑丹废城了。当地人说那里是锡斯坦的故都，在公元1383年被帖木儿攻克了。它位于沙利斯坦西北约6英里的地方，坐落在一条低矮的土岭上。土岭朝西北伸展过去，一边是纳瑟鲁河的古河床，另一边的宽阔地带是帕里恩河可以泛滥到的地方。尽管岭不高，两边却都泛滥不到顶上去。帖木儿入侵锡斯坦后不久，扎黑丹大概就被废弃了。而在扎黑丹被废弃后，地面状况发生了变化（现在从锡斯坦河引出的水渠很容易就可以延伸到这里），所以这条宽岭的大部分都没有被耕种。因此，这里保留下来大量遗址。凡是没有灌溉过的地方，风蚀作用都发挥了巨大威力。

泰特先生曾详细描述过扎黑丹遗址，而且这些遗址年代比较晚，所以我在这里就不必进行详细叙述了。我只想简单提一下遗址的基本特征，其余的部分请参看图96中的草图。城里保存得最好的部分就是那座城堡。它里面有座内层堡垒，用结实的塔或半圆形棱堡加固。内层堡垒的东北和东南面还有两圈外围墙，外围墙上也有塔。这些工事都是用土坯筑成，底下是夯土筑成的地基。

在塔墙上的土坯之间，隔一段距离就夹一层烧得很硬的土坯，这样的土坯还把夯土和上面的土坯隔开。古城的主围墙以及城堡附近的地面上，风蚀作用都很明显，但城堡的墙受到的风蚀作用则小得多。这表明，外面被废弃了之后，城堡仍沿用了一段时间，还曾经被修过。

在城堡外面没有什么大建筑，但有一组分离的建筑，显然是住房。住房上面和住房之间堆积了不少流沙，这有助于将它们保存下来。我注意到，它们的屋顶都有西方类型的拱，而不是像加加沙和阿提什卡达赫那样，把土坯垂直放置，而且长边顺着拱的弧度方向。外围墙形成了一个不规则的长方形，南端被截短了。围墙长1.5英里，最宽处宽0.75英里。大部分围墙都严重坍毁了。在我看来，围墙用夯土筑成，顶上还有用土坯筑成的护墙。墙上不时出现一座半圆形的棱堡。在东北面的墙上，有一道叫达尔瓦扎伊巴哈提亚里的大门，一个四边形的小防御工事包围着大门。我们可以注意到一个有趣的事实：锡斯坦盛行风的风蚀作用，和罗布地区及疏勒河盆地遗址所受的风蚀作用十分接近。西北的那面墙正对着萨德沃比斯特罗兹风，大多数地方几乎被夷为了平地（图97）。而大致顺着风向延伸的墙则多少保留下了一段段醒目的墙体。

看了围墙里面的情况后，我就更觉得这里像那些遥远的中亚沙漠遗址了。从图96中可以看出，围墙里面的部分地面覆盖着沙堆，其余的地面是长着红柳和带刺灌木的荒凉沙地。在围墙里面

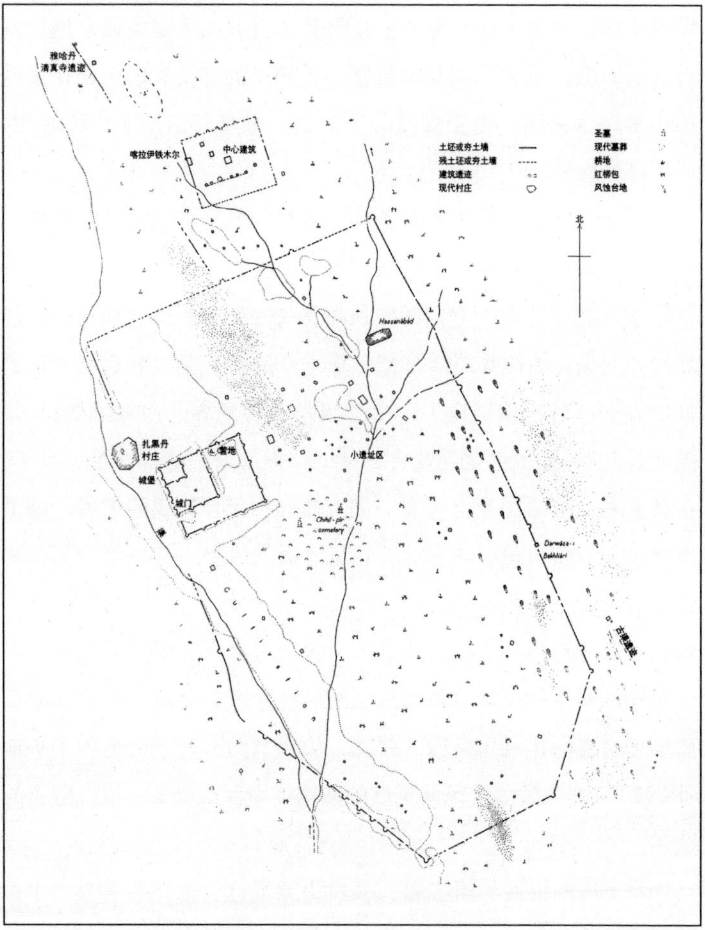

图96 扎黑丹古城遗址平面图

以及东南角附近的围墙外面，没有植被保护的地面都被风切割成了规则的3~7英尺高的雅丹。在堡垒附近，当代扎黑丹村的田地侵入到了围墙里面，那里的围墙已经完全消失了，由此可以看到农耕活动造成的破坏。围墙里面很大一部分地方都是伊斯兰的墓葬，许多墓葬看起来年代都很晚，奇西勒皮尔圣陵周围地区是附近村子最钟爱的墓地。在堡垒附近和堡垒东北的古城的其他零星遗址，凡是被夹杂着流沙的风切割过的地面都露出了大量陶器碎片，其中很多是上了釉的陶器。尤其值得注意的是，这里没有发现带凸纹的陶器碎片，说明这个遗址不会早于伊斯兰时期。

东北墙外面约300码远的地方有圈较小的围墙，约1.5弗隆（英制长试单位，1弗隆＝201.168米）见方，叫作喀拉伊帖木儿。它的东北和西南的墙尽管只有4~5英尺厚，但保存得比较好。而正对着盛行风的那两面墙都已经严重破裂，或是已完全消失了（图97的前景）。在围墙里面中央附近，矗立着一座醒目的两层大房屋（图98）。大房屋中央是个大厅，大厅四周环绕着带拱顶的房间。从这座建筑的内部结构来看，它是统治者的住所。当安全问题并未迫在眉睫，他不必住在古城中的堡垒宫殿时，他就住在这里。从结构上看，房屋的主要入口应该在东面，那里有一块宽阔的平台，连着一间前厅，平台前面也许原来是有台阶的。在中央大厅后面的墙上留出了一段台阶，以便到顶层去。与锡斯坦所有的新老建筑一样，这座建筑采用这样的方向也是为了不受盛行风的影响（这里的盛行风是从北稍偏西方向吹来的）。值得注意的是，在

图97 从喀拉伊贴木儿眺望扎黑丹（前面中是喀拉伊贴木儿的围墙）

图98 喀拉伊帖木儿的主建筑，从西北面看

整座建筑中，拱顶上土坯的放置方法都是常见的西方类型。

在这圈围墙里，还有其他几座建筑的遗址（图96），可能是统治者的随从等人的住所。其中最大的一个是依西南面的围墙建的，结构很像中央的大房屋。在中央大房屋西北约3弗隆远的地方，紧挨着一段朝西北延伸的墙，我发现了两座建筑。当地人说其中一座是清真寺，另一座是雅哈丹（即储存冰的地方——译者）。他们的说法也许是对的。前者的中央大厅朝西南的地方有一个神龛，这是和清真寺的"身份"吻合的。另一座建筑有个圆顶，圆顶支撑在一圈足足有7英尺厚却只比地面高4英尺的墙上，建筑里面的直径是43英尺。从保存下来的部分看，圆顶由水平的土坯层构成。但建筑的中央部分上面可能原来有一个真正的圆顶。为了在锡斯坦这样的气候条件下获取足够的冰，大概需要用很浅的一层水淹没很大的一个区域。由此也许可以解释，为什么这个奇怪的建筑坐落在古城围墙外面比较远的地方。如果说这座建筑还可能有别的用途，那只能是当作谷仓用，但谷仓按理说是不应该放在防御工事外面的。[1]

从扎黑丹出发，沿着古城所在的这条低矮的土岭朝西北走，

1　泰特先生说，有一座"天然的土丘"，就是帖木儿在自述中说到的"塔帕"，在攻城之前，帖木儿就从那座土丘顶上查看了锡斯坦的都城。但我没有找到这座土丘。泰特先生详细描述了从土丘上看到的情景，也就是当年展现在帖木儿眼前的情景。在他的平面图中，他把这座土丘标在了主围墙西南角外约0.5英里远的地方。

在1英里的范围内，经过的都是风蚀地面。这里有一条古代水渠，水渠的弃土堆成的岸比地面高约3英尺，岸与地面之间的水渠底部都特别硬。在没有沙子的光秃秃的地表上，有大量扎黑丹那种类型的陶器碎片。但在接近一座废塔之前，我们都没有捡到带罗纹的陶器。附近一个村子里的人称那座塔为米里卡斯木阿巴德。即便在这里，也只能在风蚀地面上发现带罗纹的碎片，而且这种碎片同伊斯兰时期的那些大量碎片相比要少得多。这座塔比地面高70多英尺，是个醒目的路标。泰特先生已经详细地描述过它。在这里我要补充的是，塔用土坯筑成。在塔底部，里面的直径约有10英尺，墙约有6英尺厚。塔顶部的土坯上浮雕着两条阿拉伯文题记。底下的那条题记提到了死于公元1163或1164年的老马里克·塔朱丁。高处的那条题记提到了前者的重孙。因此，题记的翻译者艾里斯认为，"老塔朱丁死的时候，他的塔还没有完工"。这就为在塔周围和塔西边不远处的小建筑遗址那里发现的陶器碎片提供了大致的年代线索。

那些方形小建筑上的一些细节特别值得我们注意，它们也能告诉我们一些年代上的信息。它们用土坯筑成。其中一个建筑中有个祈祷用的神龛，看来是一座清真寺。在这座清真寺和其他两个小建筑中，拱顶的桶形部分是用横向放置并彼此重叠的土坯层构成的。在这部分底下是某种护墙，护墙上的土坯是长边朝下垂直放置的，和加加沙遗址的拱一样。但在一个小内厅中，我注意到这面护墙是一种过渡形式的拱。那里有一个西方类型的真正的垂直的拱，拱底下是上面所说的那种护墙。在拱和护墙之间夹了一层土坯。垂直的拱的建筑方法是不正确的，因为拱上的土坯不是从一个中心点呈放射状朝四面分布，也没有拱顶石。看起来就好像是建筑者试图在这里使用新式的拱，但没有完全理解这种拱的建筑原则。

在前面所说的这个遗址西北约1英里的地方，有一座叫加拉塔帕的矮丘。丘顶上是用夯土筑成的椭圆形双层围墙，已经严重坍毁了。围墙朽坏得很厉害，说明这里是个古老的遗址。在这里发现了大量的陶器碎片，既有带罗纹的，也有无花纹的，也完全证实了我们的结论。带釉的碎片和带简单装饰的碎片（有的装饰是刻画上去的，有的装饰是突起的），这两种碎片都很少。

我的营地位于卡斯木阿巴德，上面那座塔就是以这个村子命名的。从这个村子出发，我先后参观了村子北边和西北分布的一系列零星的遗址群。它们所在的地面稍高，东边的帕里恩河泛滥不到那里，西边的纳瑟鲁河古河床中偶尔发洪水也淹不到那里。正是这个原因，遗址才保存了下来。它们都是伊斯兰时期的，泰特先生在简单提到它们时也正确地意识到了这一点。这些遗址大多是旧房屋、可以进行防御的住宅或风车等。遗址数量特别多，占据的面积也特别大。要对这些遗址进行详细考察需要很长时间，而我是抽不出这么多时间的。因此，在这里我只简单说一下它们的位置和整体特征，以及可能与它们的年代有关的线索。

过了加拉塔帕约1.5英里后，一行行民居遗址朝北延伸了约

0.5英里远，一直延伸到了比比多斯特圣陵周围那些面积广大的墓地。这里的地面生长有大量灌木，所以没有受到风蚀作用的影响。但这些民居都比扎黑丹的遗址朽坏得更厉害。许多民居建得特别坚固，还有塔一般的建筑（图99），是为了在敌人进犯的时候确保安全。就我考察到的民居来说，我只看到了在加加沙第一次见到的那种式样的拱顶，也就是说土坯是垂直放置的，土坯的长边和拱的曲线平行。这说明，这些遗址的年代可能比扎黑丹遗址要早。后来我发现的陶器碎片也证实了这一点。上釉并且无花纹的鲜艳的绿色和蓝色陶器碎片特别多，而在扎黑丹所见到的那种用彩绘或釉装饰着图案的碎片则极少。也有无装饰的凸纹碎片，但不像在加加沙那么多。在一个破败的大厅中，也有在加加沙 Gha.ii 的入口大厅所见到的那种内角拱。两侧的墙上装饰着带拱顶的神龛，神龛用互相重叠的土坯砌成。

再往北走约5英里，穿过几条当时被帕里恩河水淹没的设拉（即窄河床），就来到了一座叫林丹的矮丘。丘上有一些陶器碎片，表明以前曾有人居住在这里。丘东边伸展着一窄条严重朽坏的遗址，从东南朝西北延伸了3英里，遗址与一条古代水渠平行，水渠则与现在两侧的几条帕里恩河床平行。这些遗址中最醒目的，是一架特别坚固的奇基尼（即风车），它仍高达40英尺。图100中也有一架这种类型的风车，年代可能比我们看到的这座要晚。风车的两个大轮子原来位于一间屋子的拱顶上，拱顶的跨度有21.5英尺。

图99 比比多斯特的可进行防御的大厦，从西面看

　　比比多斯特圣陵西北约3英里的地方就是小村子阿富汗堡。村子东边矗立着零星的大建筑遗址，尽管它们朽坏得很严重，却依旧引人注目。有一座大建筑的底下有用夯土筑成的地基。从布局上能看出，它们是用作防御工事的。大多数建筑中央大厅的墙上用土坯装饰着成行带尖的拱。我看到的拱顶都是和在加加沙看

到的一样属于倾斜的拱。但在我拍摄的遗址中（图101），我也注意到了一个过渡类型的拱顶，也有一个是真正的拱，底下还有护墙（护墙上的土坯是沿拱的曲线方向垂直放置的）。在村子东边约1英里的地方有一座圆形小城堡，城堡里面的直径约210英尺，有双层围墙。里层围墙用夯土筑成，厚18英尺，仍高达20英尺。外

图100 马吉附近的风车遗址

层围墙离里层围墙有40英尺远，比里层围墙薄得多，除了南面保存下来一部分，其余地方几乎已经消失了。在这里我们发现了大量带凸纹的陶器碎片，上面大多有秃圆的凸纹和凹槽。

我探访的最后一个遗址群在纳瑟鲁河床的西边，其中最近的在阿富汗堡西北约5英里的地方，过了布赖村耕耘平整的农田之

图101　阿富汗堡遗址，从南面看

图102　锡斯坦的布赖附近的大厦遗址，从南面看

后才能到达那里。那里有零星的民居，因水汽的作用而大多严重朽坏了。在民居之中矗立着两个很大的建筑。图102中就有其中一个，可以看到它高高的带尖的大门，里面的大厅墙上还装饰着几排带拱顶的神龛。由于水渠泛滥出来的水有时会到达这里，所

以地面长着灌木或结了盐壳。因此，在这些遗址中只发现了极少的陶器碎片。从陶器碎片的大体状况以及没有西方风格的拱顶这一事实来判断，我认为这些遗址和从卡斯木阿巴德村出发所探访的那些遗址一样，都属于伊斯兰时期早期。

米扬康吉地区人口稠密，从帕里恩河延伸到锡克萨河（波斯和阿富汗的边界）。在这一地区，比较古老的遗址只有塔赫特伊普尔桥和喀尔库沙的废丘，这两个遗址泰特先生都描述过。喀尔库沙的遗址是一座小堡垒，建在一座孤立的土岭或台地上。台地顶上和坡上大多数地方被一个现代村子的民居占据了。在土丘的西北坡有一段朽坏很厉害的墙，墙用土坯或是夯土筑成，还用棱堡加固。墙保留下来100多码长。在这段墙的上方，可以把一段内层围墙追踪60码远。围墙之内矗立的遗址好像原来是城堡的中心堡垒。这个中央遗址只有东北墙的长度是完整的，从外面量有46英尺长。由此看来，这座堡垒特别坚固。这面墙有8英尺厚，墙脚下用烧制的土坯砌成，墙脚露在外面的部分最高有5.5英尺。墙的上半部分用土坯筑成，残墙仍高11~12英尺。

喀尔库沙很可能就是喀尔库耶。在早期阿拉伯地理学家描述的从赫拉特到塞吉斯坦的路上，喀尔库耶是一个重要地点。根据伊斯塔赫里的记载，喀尔库耶离扎兰季有3个法萨赫远，这与喀尔库沙到纳德阿里的距离是吻合的。那些阿拉伯地理学家还说，城里有古代的拜火教庙宇。从上面所说的那些遗址看，无法判断出这个庙宇的位置。

塔赫特伊普尔桥遗址如今大部分已经被淤泥掩埋了。它用土坯筑成，位于喀尔库沙的北—北西方向约2英里远的地方。从扎兰季到朱韦因和赫拉特去的大路肯定是朝这个方向延伸的。所以泰特先生认为，这座桥大概就是伊斯塔赫里的路程表中在巴舌尔

（即白沙瓦兰）和喀尔库耶之间的那一站。泰特先生的假设是很有根据的。

一个叫鲁斯塔木的当地"寻宝人"为我派出一些俾路支人到阿富汗那一侧的锡斯坦的某些遗址去。他们带回了一些陶器碎片和类似的小文物，我将以此来结束我对伊斯兰时期遗址的描述。我无法知道这些文物出自什么遗址，但它们主要都是伊斯兰时期那种上釉的陶器，这似乎表明，泰特先生关于纳德阿里和苏尔赫迪克遗址的断代是正确的。有些碎片据说是从塔赫特伊鲁斯塔木带回来的，大多有凸纹，说明这个遗址可能年代比较早，它的名称也表明了这一点。我不知道普什特伊高的确切位置在哪里。它大概就是泰特先生提到的坡斯特伊高，即查坎苏北边的一个遗址。萨里扬据说是法拉河东边的一个遗址，在白沙瓦兰附近，那里标了一个叫萨尔沃塔的带码头的现代村子，如今是赫尔曼德河以东的一个重要地点。

第五章

锡斯坦的沙漠三角洲

第一节　古代和近代的遗址

现在我们来说一说波斯境内赫尔曼德河南部三角洲的遗址，那里如今已全是沙漠。从年代相隔很远的建筑遗存和其他遗物看，从史前时代开始那里就不时有人居住。而现在那里是沙漠，使我们能比较清楚地根据考古学证据判断出在什么时代那里有人居住。从地形来看，南部三角洲的地形特征比北部三角洲的明晰得多（在北部那块大得多的三角洲中，有广阔的冲积平原和不断游移的哈木恩沼泽，地形特征很难判断出来），有利于我们探寻它的历史。两块三角洲之间的分界线是一座砾石高原。它是顺着赫尔曼德河现在河道的左岸延伸的高原朝西北伸出的部分，一直伸到了哈木恩的南部边缘，即瓦尔马勒村附近。

　　这座高原的南坡比哈木恩能泛滥到的地面高约50英尺。从南坡脚下开始是一块冲积平原，一直延伸到了30英里外的谢拉格深沟。在赫尔曼德河的洪水量特别大的年份里（近几年就常出现这样的情况），哈木恩沼泽中的水会顺着这条深沟流进济里盐沼。前面所说的这片平原上满是肥沃的冲积物。在平原上东西最宽达15英里的距离内，在古代都可以进行灌溉。灌溉水渠源自赫尔曼德河的一条旧河床的河口，这条河叫特拉昆河或比亚班河，如今已经干涸。这条河床在锡斯坦坝正南约36英里远的地方，在一个叫卡码勒汗港的地方从现在的赫尔曼德河上岔出去。它朝西蜿蜒而去，穿过了上面所说的砾石高原，在亚克拱拜孜遗址南北，从几个出口"流"出了高原（亚克拱拜孜离波斯和阿富汗的边境很近）。

　　赫尔曼德河的这条古河床曾把水带到南部三角洲。关于这一点的直接的历史证据，最早只能上溯到帖木儿时期。而且，我们只有接受一种传统说法，即帖木儿毁掉的鲁斯塔木大坝就是卡码勒汗港附近的水坝，才能将这样的证据追溯到帖木儿时期。但我们发现，有足够的理由可以证明，南部三角洲在帖木儿时期之前几百年就有人居住了。而且不论南部的居民区是大还是小，都并不影响到北部三角洲有没有居民。有人认为，比亚班河的水渠可以灌溉到的地方，被一直耕种到了17世纪末叶（至少部分地区如此）。虽然资料来源不明，这种看法却可能是正确的。当地人说，在马里克·法特赫·阿里统治时期（1692—1721年），情况发生了变化。在那之后，比亚班河的水量就不充足了，农业生产只能局限在又宽又深的旧河床中。这样的农业依靠水渠来灌溉，水渠从赫尔曼德河的主河道上引出。自那之后，赫尔曼德河现在的河道就是唯一有流水的河道了。18世纪末叶，马里克·巴拉木汗以阿富汗为宗主国统治着锡斯坦。他修了很多灌溉设施，使比亚班河的旧河床中有充足的水，这样就能重新耕种南部三角洲的一部分土地了。这些土地分布在北边的霍兹达尔和马吉附近，以及南边的拉姆鲁德附近。但好景不长。19世纪初期，这些地方又全变成了沙漠。国境线那边阿富汗的图拉昆和基纳遗址附近，比亚班河沿岸的所有农田也被废弃了。

如今这里一片荒芜。而且，赫尔曼德河水以前无法流到这里时，这一地区也曾反复被废弃过。正因如此，现在我们能发现年代相距遥远的考古学证据（在北边的赫尔曼德河主三角洲则不太容易做到这一点）。大致同一时期的遗址并不局限在某一区域内，而是分布在这个地区的大部分地方，有时还是分层的。因此，在描述我考察到的遗址时，我将大体按照历史年代来分组，而不是完全按照地形情况来分组。我们最好从最晚的遗址说起，因为我最先看到的就是它们，而且当地人仍记得它们。

12月19日，我从现在波斯锡斯坦的"首府"出发，顺着往南去的大路走。过了卢塔克村的田地后，我们穿过了一座布满砾石的高原。我注意到，这座高原和疏勒河尾间盆地两侧的高原特别像。高原边上矗立着一条条孤立的土岭或一块块台地。在我看来，这里的台地也是在风蚀和水蚀的共同作用下形成的。过了卢塔克村约7英里后，穿过高原的车马道边有成行的圆形小土堆，和车马道平行，土堆中间是凹陷的。我的向导告诉我，这是以前修一个坎儿井时挖出的弃土。[1]据说人们修这条坎儿井，是想把水从瓦尔马勒村附近引到南部三角洲，但没有完工就废弃了。

过了高原后，路经一片宽阔的水湾，水湾所在的地区每年都会被哈木恩湖淹到。之后，我们来到了霍兹达尔遗址。遗址外有一圈四边形围墙，大门在东面，东墙有140码长。围墙里面有个带圆顶的蓄水池，即霍兹，此地就是由此而得名的。此外，围墙里面还有圆顶小泥屋，环绕着一个破败的大房屋。当地人说，这个可以进行防御的村子一直沿用到19世纪初期农田完全被废弃的时候。从泥屋的建筑方法和保存状况来看，他们的说法是对的。以霍兹达尔为中心，向北、向东直径约2英里的范围内有几个零星的遗址，其中包括一架在锡斯坦常见的高大风车。这些遗址年代都很晚。所有遗址用的土坯都很小，拱都是常见的西方样式。西南约4英里远有个叫昆达尔的可以进行防御的小村子（图103），年代也很晚。

在霍兹达尔西南约1.25英里远的光秃秃的平原上，矗立着一座矮丘（图104），丘上的遗址比较古老。这些遗址被称为阿克忽

1　大概就是在这里，泰特先生提到"有一系列低矮的柱子，是用烧制的土坯筑成的"，如今它们已经"分解成了暗橘黄色的粉尘"。他认为那些"柱子"标志着一条古代商路的路线。但我没有发现任何证据能支持他的结论，但小路的路线可能的确是比较古老的。

图103 昆达尔村里的民居遗址

尔伊鲁斯塔木，并被认为是鲁斯塔木的骏马的马圈。矮丘顶上那一堆土坯比矮丘顶部高23英尺，但朽坏得很厉害，无法看出原来是什么形状和用途。在离土坯堆脚下50~70英尺的地方，可以辨认出一圈大致呈椭圆形的厚围墙。围墙厚10~11英尺，用土坯筑成。西北面和西面的围墙几乎已经消失（风蚀作用的结果），但南

图104　霍兹达尔附近的阿克忽尔伊鲁斯塔木，从西南面看

墙仍有13英尺多高。

　　单从土坯的大小就能看出，这是个十分古老的遗址，它的名字也说明了这一点。但尤其令我们感兴趣的是，光秃秃的风蚀坡上的陶器碎片证实这里早在史前时期就已经有人居住了。陶器碎片中有不少是红铜时代的彩绘陶器。大南边的风蚀丘上也有大量

这样的碎片，它们可以追溯到锡斯坦有历史记载的最早时期之前。石器皿碎片也是经常和这样的陶器相伴出现的那种。

这座醒目的土丘矗立在平地之上，哈木恩湖水是淹不到它的。从丘顶上眺望，整个盆地都尽收眼底。我们有充足的理由认为，在有历史记载的时期这里也被沿用过，其年代比霍兹达尔及其周围的遗址要早得多。我们发现了大量质地很好的陶器碎片，有的无装饰，有的装饰过，还有的上了釉。它们很像在加加沙和沙利斯坦所见到的那种陶器，属于有史记载的早期。我们还发现了大量有均匀凸纹的碎片。目前，这座天然的土丘比周围一马平川的地面高约12英尺，而沙伊索克赫塔以及南边沙漠中覆盖着史前陶器碎片的土丘一般高20~25英尺。之所以会产生这样的差别，是因为霍兹达尔周围的地面被长期灌溉过。由于赫尔曼德河在泛滥时节所含的泥沙量很大，所以地面积累了很多淤泥，因而被抬高了。

在此地西南约1.25英里的地方，我们发现了一圈奇怪的围墙，叫作帕依喀什依鲁斯塔木。从名称上就可以看出，人们认为这里有鲁斯塔木的名马拉克沙留下的脚印。从图94中看，围墙的形状是不规则的，最宽处宽100码。围墙比平地高约20英尺，厚40~80英尺。仔细查看了朝向里面的陡峭倾斜的墙面后，我发现墙是用坚硬的天然泥土筑成的。高原表面的砾石底下就有这样的泥土，当地人称之为西尔或基木。围墙里面基本上是空荡荡的，地面上覆盖着盐碱。之所以如此，是因为在赫尔曼德河泛滥得很厉害的年份，哈木恩湖的洪水会泛滥到围墙的外脚下（那里仍可见到的狼藉的芦苇就证明了这一点）。在我看来，我们对这圈奇特的围墙能作出的唯一的解释就是，一块孤立的土台地（在砾石高原边上附近有很多这样的土台地）里面被挖空了，这样就变成了一圈天然的围墙，以便给人们提供保护。但东北面有一条宽70英尺的豁口就难以解释了。难道这圈围墙有可能是被当作寂塔用的吗？

在离东北围墙脚下约6码的地方，有一间建得很坚固的圆形小房屋（图105），它也无法告诉我们围墙的用途是什么。房屋的墙厚6英尺，用土坯筑成。房屋上面原来有个圆顶，圆顶在离现在的地面高11英尺的基座上开始朝上伸展。从房屋残留下来的部分看，圆顶是"水平"类型的，由互相重叠的土坯层构成。屋子的开口在南面，开口上方也有同样的圆顶。屋子里面的碎土屑堆了4英尺高，在水汽的作用下，碎土屑已经变成了坚硬的一大块。在比现在的地面高约3英尺的地方，墙外面可以分辨出4个观察孔，间隔约有11英尺。可能还有其他的观察孔，但它们大概被掉下来的土坯堵住了。

这间圆屋子附近的地面上有很多陶器碎片，大多数是在加加沙常见的那种带凸纹的类型。除了工艺精湛的无装饰的碎片，我们还发现了一些没有装饰的上了釉的小碎片（釉呈绿色、蓝色和白色），以及粗糙的绿色玻璃和一片发蓝的釉料。这些陶器碎片说明，在萨珊时期此地曾有人居住，或是有人来过。在离圆屋子北

图105　帕依喀什依鲁斯塔木外面的圆形建筑物遗址，从东南面看

脚约3英尺的地方，我手下一个人在我面前捡起了一枚包兰（公元630—631年）女王时期的银币，它有力地证实了我的判断。这枚钱币保存得很好。

在霍兹达尔东北约7.5英里远的地方，我第一次发现地表厚厚地覆盖着一层绘了图案的陶器碎片和类似的史前文化遗物。这些碎片所在的高原离大路只有约2英里远，看起来很醒目，所以人们把这里叫作沙伊索克赫塔（意为被焚的城）。我们把这个遗址留到下一节再说。现在让我们跳到马吉遗址。这个遗址在霍兹达尔东南约2英里的地方，面积很大。

马吉的建筑遗存所在的位置，和被废弃的三角洲南边的拉姆鲁德一样，19世纪初的时候本是一个大村子。[1] 大多数建筑遗存的面貌以及地面本身的状况都完全证实了这一点。我是在黄昏时分第一次来探访它的。在夕阳的斜晖中，不仅可以清楚地分辨出曾把水引到田地中的水渠分支，还可以看出把田地分隔开的低矮土堤。在很多地方仍能看到低低的树干（主要是棕榈树），是人们在废弃村子的时候砍倒的。这一切都使我不由得想起了遥远的和田沙漠边上的古代达玛沟。极为平坦的地面上有光滑的硬泥壳，泥壳上有很多陶器碎片，大多数看起来很现代。迄今为止，风蚀作用还没有对地面或建筑产生什么影响。但流沙已经在一些避风的地方堆积起来，而流沙是风蚀作用发挥威力的载体。这些轻微的朽坏迹象使我想到，这个地方一些醒目的遗址大概只能上溯到马里克·巴拉木汗重新把灌溉水渠延伸到这里的那段时期。

这样的建筑中，图100中的奇基尼是比较值得注意的，它是一架典型的做工精湛的大风车，即巴德伊阿西亚。在锡斯坦的后

1　当我扎营在霍兹达尔的时候，我从领事馆带来的聪明的锡斯坦总管纳克西说，大约在1910年，他遇到了一位年纪特别大的老人，自称生于拉姆鲁德。老人说自己已经有100多岁了。

期伊斯兰遗址中，时常会见到这样的风车。风车原来有两个大轮子，立在一个大厅的地面上，大厅底下由圆顶支撑（圆顶原先的跨度有24英尺）。和马吉及拉姆鲁德的其他大多数遗址一样，这里的拱都是常见的西方类型。风车西南面约300码远的地方有个坚固的大房屋，图106呈现的是这座大房屋精美的阿依宛（即凉廊）。阿依宛上面有三个桶状拱，支撑在高高的尖拱之上。整个建筑的坚固性和合理比例都很引人注目。这说明，一直到了离现在不是很远的近代，锡斯坦的建筑技术都是很高超的。再往南我们还发现了两三座住房，结构比较有趣，都有个十字形的中央大厅。

在这座坚固的大房屋南—南西方向约2英里远的地方，矗立着一座土丘。它高约20英尺，长80码，宽30码，如今这块古老的台地顶上全是伊斯兰墓葬。但在台地上发现的大量陶器碎片说明，以前在相继很多个时期中，它都是人们居住的地方。出自这座土丘的陶器碎片，既有红铜时代的绘了图案或是没有图案的碎片，也有工艺精湛的无花纹红陶（与加加沙和沙利斯坦的红陶差不多）。带蓝色釉的陶器碎片十分少见，而且釉底下都没有绘图案。但我们必须记住的是，风蚀作用在某些地方可能会把早期的遗物带到地表来，马吉地区的南部尤其如此。在前面所说的那座土丘周围，地面有明显被风蚀作用切割过的痕迹，可以看到一些萌芽状态的红柳沙堆正在形成，正像塔克拉玛干沙漠南边刚被废弃的遗址一样。

我们从马吉出发，朝吉尔迪查要塞走，那里还有一口水井。

图106　马吉的可进行防御的大厦的阿依宛（即凉廊）

在霍兹达尔西南约16英里远的商路上，我第一次经过了一条规则的雅丹带。锡斯坦人把雅丹叫作卡勒瓦尔德。它们只有4~5英尺高，但已经足以使我想到南部的伊斯兰遗址群经受了多么大的风蚀作用。这些零星的遗址群在吉尔迪查东南一直延伸了9英里，最宽的地方有3英里。比亚班河的一些支流曾把水带到这一地区，这些支流仍然清晰可辨。

遗址群离我们最近也最出名的就是拉姆鲁德。我前面说过，在拉姆鲁德附近一直到19世纪初人们都在耕种农田。"拉姆鲁德"这个地名主要指的是一座废城堡般的荒村（图107）。查看了这个村子和其他某些遗址后我发现，晚期人们住在这里，只是重新耕种以前被废弃过的部分土地而已（那些土地已经变成沙漠很长的时间了）。城堡的围墙朽坏得很厉害，北面和西北有些地方已经完全消失了。由此看来，夹带着沙子的风蚀作用在这里施展威力的时间已经超过一个世纪。围墙四周的地面已经被风切割成了规则的沟和脊（图108），这也给我以同样的印象。因此我认为，在马里克·巴拉木汗统治下，水被重新引到这附近时，这座堡垒就已经是废墟了，东南约0.5英里远的那座较小的堡垒可能也是如此。拉姆鲁德堡垒东边约1英里远的地方，在风蚀作用极为轻微的地面上有一个墓葬群，其中包括八九座圆顶坟墓，有些坟墓还很大。它们很可能是有人居住的最晚时期的遗物。在拉姆鲁德东南约1英里的距离内，我们经过的极为平坦的地面上覆盖着一层硬泥壳，那里也许曾是最晚期的农田。

过了这个区域后我们继续朝东南走，翻过了一带低矮的沙丘，沙丘底下是约8英尺高的雅丹。之后，在离拉姆鲁德堡垒约3英里的地方，我们来到了一圈叫喀拉特伊吉尔德的大围墙遗址。它的名称是"圆堡"的意思，因为被围住的地方大致是圆形的。主围墙里面的直径是160码多一点。围墙约8英尺厚，并用圆形棱堡加

图107　拉姆鲁德的村庄要塞遗址的大门，从村子里面看

图108　拉姆鲁德以西的风蚀岭和沟

图109　从西南面看到的喀拉特伊吉尔德的主围墙

固（图109）。围墙用土坯筑成。这圈主围墙受到了风蚀作用的极
大毁坏，西北段和东南段都有大豁口，其他很多地段的墙顶在风
蚀作用下已经变成了锯齿般的形状。

　　在西边，主围墙的一部分被用墙隔离开来，隔离墙系后来添

筑，它保存得很好，墙里面的建筑仍高达10~12英尺。在主围墙里面的其他地面，没有任何建筑遗存保留下来。在被用在晚期堡垒的主围墙上添筑了棱堡，以使原来的围墙更坚固。显然，这个遗址在长期被废弃后，又出现了一个小居民点，晚期堡垒就是小

居民点的位置。晚期堡垒的墙顶上用的是烧制的土坯，说明土坯是后来修墙的时候添上去的。墙里面住房的土坯也表明住房是后来建的。住房中用的土坯大小与主围墙上的土坯很不相同。从主围墙里面的地面状况看，也能看出主围墙的年代要古老得多。围墙里面的很多地方都已经被夹带着沙子的风切割得比原来的平面低了15英尺。我注意到，在晚期围墙里，晚期的上釉陶器碎片要比它外面的地面多得多。

在晚期围墙里面，我们捡到了7枚伊斯兰时期小钱币，在晚期围墙外面还发现了6枚。这些钱币磨损严重，仍有待辨认。但我当场就在其中一枚上发现了回历六九二年的字样，也就是公元1293—1294年。阿兰先生后来还辨认出，另一枚钱币是尼穆罗孜（即锡斯坦）王库特巴丁（公元1331—1383年在位）发行的。在主围墙内外我们都发现了大量无花纹的红陶碎片，但其中很少有带凸纹的，而凸纹碎片是伊斯兰时期之前的遗址的典型特征。根据以上这些情况，我得出了以下结论：人们曾在两个不同的时期居住在喀拉特伊吉尔德遗址。早期的居住年代也许和扎黑丹差不多，大致在14世纪。至于晚期的居住年代，我只能说，那和第一段居住时期相隔了很长时间，但又不会像马吉和拉姆鲁德最晚的居民点那样离现在这么近。

喀拉特伊吉尔德附近还有一些建筑遗存，其中有几座可能属于伊斯兰时期早期。有一个遗址在喀拉特伊吉尔德东北约0.25英里的地方，墙仍高达20英尺，墙上装饰着一行行带拱顶的神龛。

这个遗址有个长36英尺、宽24英尺的大厅，朝南敞开得很大。大厅东南角的地面在风蚀作用下已经比墙基低了6英尺，说明这是个比较古老的遗址。土坯尺寸与喀拉特伊吉尔德主围墙上的土坯一样，也说明了遗址是比较古老的。在此地西南约150码的地方又有一个废弃的大厅，我注意到它用的也是这样的土坯。城堡附近的一些伊斯兰坟墓受到的风蚀作用十分明显，属于比较早的那段有人居住的时期。在主围墙西北约2弗隆的地方就有这样一座原先带圆顶的坟墓（图110），如今那里的土已经被风切割得比地基低了8英尺，使建筑的一角坍塌了下来，整个建筑也有全部坍塌的危险。这座墓葬占据了一座常见的风蚀土雅丹的最北端，雅丹延伸了约50码远，走向为北—北西到南—南东。这座雅丹之所以保存下来，就是因为它上面那些土坯筑成的地上墓葬。在东南约2英里的地方有一些小雅丹（图111），那里的一系列伊斯兰墓葬也被切割得很深。假设较早的那段有人居住的伊斯兰时期到公元14世纪末就终止了，那么这里风蚀作用的速度就是每世纪1.5英尺，甚至比楼兰遗址还快。

但应该记住的是，由于此地各个地段情况不同，既没有水也没有植被保护的时间长度不同，所以风蚀作用的影响也不同，这样就能解释后来探访喀拉特伊吉尔德周围其他晚期遗址时观察到的现象了。我朝拉姆鲁德南边走，想要看一看距喀拉特伊吉尔德西边1英里多的地方的某些遗址。途中，我穿过了一条古老的雅丹地带，雅丹上覆盖着一层比较薄的盐碱（图112）。它们奇怪地

图110 喀拉特伊吉尔德附近风蚀台地上的圆顶坟墓

使我想起了罗布沙漠中的"白龙堆",当然它们的规模比白龙堆小得多。这些雅丹高8~10英尺,其走向和锡斯坦盛行风的风向一致。它们的北端(即头部)都很陡,而另一端则比较和缓,像尾巴一样,因此那些善于观察的中国人才把它们比喻为可怕的"龙堆"。这些奇特的雅丹为什么是白色的呢?过了雅丹带后,我们穿过了一条100多码宽的轮廓清晰的河床,河床岸上有大量灌木。看来

图111 喀拉特伊吉尔德东南的烽燧丘上的伊斯兰墓葬遗址

图112 拉姆鲁德附近结着盐壳的烽燧台地,从南—南东方向看

白色的雅丹是这条河床造成的。

　　前面提到的喀拉特伊吉尔德西边1英里处的那些遗址在地图上被标作"拱拜孜伊沙依"，而我的向导则称之为喀拉特伊塔加兹。它包括八九座圆顶墓葬，分布在一块宽阔的伊斯兰墓地中。这里的地面几乎没有风蚀作用留下的痕迹。圆顶建筑尽管看得出比较古老，却保存得比较好。由此看来，它们可能和马吉的大厦一样年代要晚些。从它们的土坯来看，在建造这些坟墓的时候，附近的地面就已经是沙漠了。这些土坯中一律布满了小红柳树枝和类似的灌木枝，如今在河床附近也生长着大量这样的灌木。在喀拉特伊吉尔德东南约3英里的地方，我发现了墓葬遗址和一个小农庄。考虑到那里风蚀作用切割过的地方一律不足4英尺深，那里可能属于南部三角洲后一段有人居住的时期。

第二节　史前居民遗址

　　在如今已经没有水的南部三角洲的地表上，干旱和风蚀作用合起来为我们保留下来古人居住的遗迹，其中史前文明留下的遗物大概是最引人注目的。这些遗物就是陶器碎片、石器碎片和其他类似的硬碎片，它们数量极多，厚厚地覆盖在风蚀小台地的顶上和坡上。这些台地数量很多，像岛屿一般矗立在北边的霍兹达尔和南边的喀拉特伊吉尔德之间。从大范围的勘察来看，朝东南越过阿富汗国界后，也有很多这样的台地。一层层遗物标明各时期居民点的位置。正是由于这些遗物层的保护，它们底下的冲积土壤保留着原来的高度。而在夹带着沙子的北风的切割作用下，周围的地面已经被削低了20多英尺。在锡斯坦，春天和夏天整整有四个月的时间会刮这样的风，当然风的强度会随时间而有所不同。[1]

这些覆盖着遗物的高台地是史前时期的真正见证。它们的高度之所以有所不同，是因为周围地区自从最初有人居住后，经历了不同的情况。只要是比亚班河的水能时不时流到的地方（有时是通过泛滥，有时是通过水渠），都会暂时生长起植被，植被保护了地面不受风蚀作用的影响，于是地面被削低的趋势就被延缓下来。同时，这些古代居民点的见证之所以比较高，还因为在它们被废弃后风蚀作用开始发挥威力的时候，厚厚的遗物层保护了它们。风会把硬的遗物层从疏松的泥土和垃圾中"筛选"出来。这样，只有在坚硬的遗物层达到一定厚度和一定硬度的时候，它才能对地面提供有效的保护。显然，在人口比较稠密而且很长时间都有人居住的地方，这个遗物层更容易变厚、变硬。而如果居民比较少，并只是偶尔居住在那里，还不时随季节迁徙过着半游牧

1　亨利·麦克马洪爵士第一个意识到了这些风蚀台地的真正性质和成因，他还提请人们注意台地上遗物的考古学价值。他注意到这些"浑圆的土丘"上覆盖着"黑色陶器碎片和黑色石头碎片"，他认为这些东西是旧石器时代的。的确，我考察到的台地远看都很暗，但我并没有发现一块"黑色陶器碎片"。

的生活，遗物层就不容易变厚、变硬。还有一个问题也是不容忽视的：如果这些遗址在后来隔了很长时间又有人居住，这无疑也会影响遗物层，并决定着我们在那里能找到什么遗物。同样容易理解的是，在风蚀作用下，早期的遗物大概会在别的地方被带到地表，和后来很晚的遗物出现在一起。在塔克拉玛干的塔提遗址或罗布沙漠的风蚀遗址，都发生过这样的情况。

除了最后说的那两点，可以肯定的是，在锡斯坦南部三角洲的这些台地上发现的绝大多数遗物的性质都是一样的，都可以上溯到一个单一的、延续了很长时间的文明。考虑到和这些遗物同时发现的为数比较少的小青铜物件，再考虑到出自这些遗址的带装饰的陶器碎片和其他地区（如像塞萨利和中国西部这样彼此相距十分遥远的地区）的遗物极为相似，这个锡斯坦早期文化可以被称为红铜文化。在简要分析这些样品的特征之前，我想先简单说一下它们都是在什么地方发现的，又是在什么情况下发现的。我们最好从南部地区开始，因为前面对晚期遗址的描述已经把我们带到了这一地区。我是在那里第一次清楚地注意到一些特殊条件，正是因为这些条件，遗物才保存了下来。

在喀拉特伊吉尔德北边约0.5英里的地方有一座土丘，约80码长，66码宽，比光秃秃的平地大致高24英尺。它的纵轴是和盛行风的方向一致的，稍微朝南—南东方向倾斜。在其他土丘我也发现了这样的现象。罗布盆地中的台地都带着"尾巴"，原因和这里一样。在土丘平坦的顶部和大部分坡上，都厚厚地覆盖着红铜时代的陶器碎片，有的无花纹，有的花纹是刻画上去的，有的花纹则是画上去的。如果将这些陶器碎片全部查看一遍，需要花很多天甚至几个星期。而如果把它们全部带走，则能装满许多辆车。特别值得注意的是，在一块陶片上面可以看到一个画得很好的山羊头。还有10多件用陶轮制成的雪花石膏器皿以及加工过的石头，也是在这座土丘采集到的，其中有一枚做工精湛的箭头是我亲手捡到的。在这里还发现了几块青铜碎片。这里发现的带釉的陶器碎片极少，其中我只注意到了没有装饰的几件。由此判断，这座土丘后来并没有人定居。另一方面，喀拉特伊吉尔德内外的风蚀地面上却有很多带釉的陶器碎片、玻璃碎片等，但没有红铜文化的任何遗物。

　　我们朝拉姆鲁德东北走，走到了一个地区之中。那一地区在近代一直没有被耕种过，大概在伊斯兰时期早期也只是偶尔有人住。就是在那里，我们发现沙漠平地上矗立的几乎每座土丘上都有史前生活的遗物。我们查看的第一座土丘是 R.R.I，它约有20英尺高，矗立在一条轮廓清晰的雅丹带中，离拉姆鲁德约有3英里。实际上，这座土丘顶上有个已经朽坏的小建筑。从它的名称"兰干伊哈吉"和它的土坯来看，它大概是伊斯兰时期的一座路边哨卡。土丘顶上约120码长，覆盖着的陶器碎片绝大多数都是红铜时代的（有的无花纹，有的画着图案），石器和石罐碎片也比较多。还有几块带凸纹或上了釉的陶器碎片及玻璃碎片，这又证明这里晚期也有人居住。

再过1英里就是土丘 R.R.II，丘顶覆盖着厚厚的红铜时代的陶器碎片以及窑的炉渣。在我们带走的石器中，有两个粗糙加工过的石制器具、一个石罐残件和一颗石珠子。再走3英里，又有一座小土丘（R.R.III），上面覆盖着厚厚的一层陶器碎片，其中既有无花纹的，也有绘着花纹的。在出自这里的样品中，特别值得注意的有几个完好的罐子，还有一个器皿的颈部画着一个很生动的巨角山羊的头。在加工过的石头中，有一个是碧玉的断刃。莱吉纳德·史密斯先生指出，这个刃支离破碎的背和用过的刃锋，很像出自罗布沙漠的一个刃。这种相似性也许在断代上有一些价值，因为这种形式的石器最早是属于玛德林洞窟时期的。

　　我望见在 R.R.I 和 R.R.III 之间的路西边的远处，有一些孤立的土丘，和前面所说的土丘的成因一样。我本人没有到那些土丘去。我扎营在 R.R.V 废墟。R.R.III 西南约5英里的地方有一口叫塔苏吉的水井。我手下那些人在从水井取水回来的时候，带回来各种小物件，都是在那些土丘上捡到的。这些物件的编号为 R.R.。它们主要是红铜时代的陶器碎片，还有加工过的石头和青铜碎片（这些东西常和红铜时代的陶器碎片同时出现）。此外还包括一些上了釉的陶器碎片、玻璃以及铅质玻璃，这也是意料之中的事。因为在这个地区我们可以辨认出一些古代水渠（地图上标了这些水渠），它们表明这里在晚期曾有人居住（至少是偶尔居住）。

　　我们从 R.R.III 出发朝东—北东方向走的时候，穿过了一条这样的水渠。它是一条晚期的水渠，目的是把水引到昆达尔和霍兹达尔附近来。我之所以朝那个方向走，是因为一个巨大的遗址引起了我的注意。它矗立在一座砾石高原上，离我们有2英里多。它就是R.R.IV，被人们称作查卡堡（图113、114）。它是我发现的第一处古代要塞。一系列这样的古代要塞构成了一条长城般的线，

图113　查卡堡（R.R.IV）的堡垒遗址的南面

图114　查卡保（R.R.IV）的堡垒遗址，从东北方向看

横亘在南部三角洲中。在此我要说的是，我主要是在追寻这条长城时，才来到其他曾有史前文化的地点。R.R.IV 要塞遗址坐落在一条低矮的砾石高原上，高原上几乎没有风蚀作用留下的痕迹，也没有史前文化的遗物。

R.R.V 的地面状况几乎和 R.R.IV 差不多（图115），位于 R.R.IV 北—北东方向约3英里的地方，是长城线上保存得比较好的一处要塞。要塞遗址西边和北边的地面上都有红铜时代的陶器碎片，说明早期也有人在此居住。更引人注目的是，在土坯中也嵌着这些碎片。碧玉箭头和燧石箭头以及一个石碗的边缘和侧壁都是史前时代的遗物。但带绿釉的陶器碎片以及大小不一的玻璃碎片和铅质玻璃，都是出自要塞有人驻守的那段时期。

我们的营地在 R.R.V。从那里朝东—南东方向走1.5英里，穿过覆盖着砾石的平原，就来到了醒目的土丘 R.R.VI。在那里我们发现了大量的史前陶器碎片，还发现了石箭头、旋出来的雪花石膏器皿。再朝东—南东方向走约2英里，就到了 R.R.VII。它是一块典型的台地（图116），坡很陡，比砾石平原高约25英尺。在这里，台地脚下周围的平地上也覆盖着厚厚的史前陶器碎片，有无花纹的，有刻画着图案的，也有绘着图案的。

此后，我折向西南方向。在不足1英里的距离内，我发现了三块台地（R.R.VIII~X）。这三块台地高约20英尺，布满了红铜时代的陶器碎片，有的无花纹，有的绘有图案。再走1英里就到了另一座土丘（R.R.XI）。在那里除了发现了石箭头、雪花石膏罐

图115 要塞 R.R.V，从南面看（前景中是一条晚期的水渠）

图116 风蚀丘 R.R.Ⅶ，发现了史前陶器等物

图 117　要塞遗址 R.R.XII，从南面看

或碗，我们还发现了一枚浮雕的青铜印戳，印戳上装饰着有趣的图案。再朝西南走上 1.5 英里，我发现了一处要塞遗址（R.R.XII，见图 117）。它与 R.R.IV 几乎是一样的，只是朽坏得很厉害。它周围的地面上有不少史前陶器碎片，要塞的土坯中也嵌着这样的碎片，说明要塞是在一个古老得多的红铜时代的居民点上建起来的。

南—南东方向的下一个遗址（R.R.XII.a）是一处比较小的要塞，但结构基本上和 R.R.XII 一样。它也坐落在一座分布着红铜时代遗物的土丘上。我后来在 R.R.IV 西北的长城线上查看要塞遗址时，也反复遇到这样的情况。于是我很快就明白了为什么这些要塞所处的位置，都有极为古老的文明的遗物。当在南部三角洲上修建这条边境线的时候，那些土丘由于得到了早期遗物的保护，免受了风蚀作用的侵害，所以已经比周围的地面高了不少。如果修一系列要塞来保护北边的农田不受游牧部落的劫掠，将要塞建在这些高地上是最合适不过的，因为高地上的视野比平地更开阔。

R.R.XVII 遗址就属于这种情况。它位于 R.R.V 南—南西方向约 1.5 英里处，是一座小城堡，城堡中央有座堡垒（图118、119）。在围墙外，我们发现了大量史前的带花纹的陶器碎片和雪花石膏杯子，但围墙里面的陶器碎片主要是比较粗糙的无花纹碎片。从 R.R.XVII 出发朝西北走约 1.5 英里，就到了 R.R.XVI 要塞遗址，下一处要塞 R.R.XVIII 也是将边境线朝同一方向继续延伸下去。这两处要塞都坐落在土丘顶上，土丘比平地高很多，有迹象表明史前时代曾有人居住在那里。值得注意的是，在 R.R.XVIII 这处小要塞破碎的土坯中，我们发现了一枚三角形的青铜箭头，它显然出自这处要塞和长城线上其他地方都有人戍守的时期。要塞遗址 R.R.XIX 离 R.R.XVIII 约有 3 英里，是我在追踪长城线最西北端时发现的最后一处要塞。它也坐落在一座土丘上。但由于离哈木

图118 要塞 R.R.XVII，从外围墙西南面看

恩湖已经比较近，土丘的坡受了盐霜的影响，因此我在那里只发现了很少的陶器碎片。值得注意的是，在这一段，要塞遗址所在的土丘或高地都不如前面说过的 R.R.V 东南的土丘 R.R.V~XI 高。我想之所以会有这样的差别，可能是因为土丘 R.R.V~XI 附近的地面上有一层薄薄的砾石，而北边的地面则是光秃秃的土，这说明砾石比土能延缓风蚀作用。由于土丘上面也有砾石保护，所以土丘上的遗址才没有朽坏得太严重。尽管如此，暴露在外的土坯被风蚀作用切割下去的深度都不超过4英尺，大多数地方比4英尺还少得多。

在从 R.R.XII.a 朝南延伸的这条古代边境线上，我们发现的史

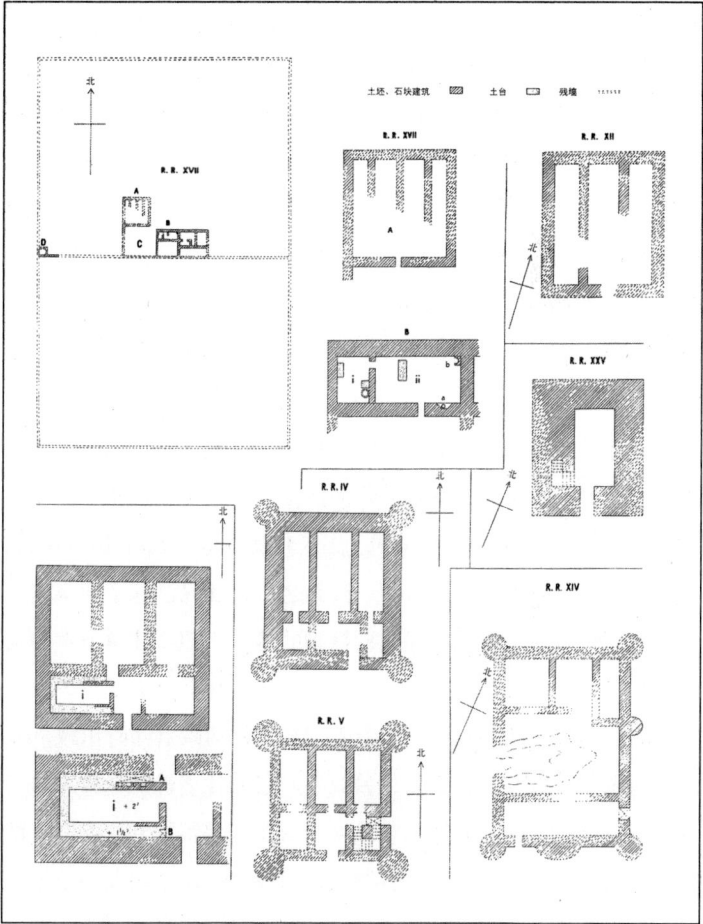

图119 比亚班河以北要塞平面图

前遗物要少得多。之所以如此，我想可能是因为这条边境线穿过了比亚班河的很多古代支流。这些三角洲地区的支流会改道并泛滥，不利于红铜时代的人们定居于此。在要塞遗址 R.R.XIII，我们仍能发现绘着花纹的陶器碎片和石器，但坐落在古代支流岸上的要塞 R.R.XIV、XX、XXI 就没有这样的遗物。在 R.R.XXI 东南约0.5英里的地方，一条砾石岭上有大量的矿渣和早期的陶器碎片，说明那是一个窑的位置。后来我又发现了一组小要塞（R.R.XXII~XXV），它们朝阿富汗国界的东—南东方向延伸。仓促查看后，我们没有发现红铜时代的遗物。

还有两个地点我没有说，它们都位于古代边境线以北。有确凿证据表明，那里曾是红铜时代的居民点。在土丘 R.R.V 西北约1.5英里的地方，有一座低矮的土丘（R.R.XV）引起了我的注意，土丘顶上还有一个小建筑遗址。查看之后我发现，这个建筑遗存系伊斯兰时期晚期，大概是人们歇脚的地方，但小建筑所在的地面上却厚厚地铺着陶器碎片。大多数陶器碎片都是无花纹也没有上釉的红铜时代的陶器。经常有石器和这样的陶器同时出现。我们在地表简单搜寻了一下后，就收集到了有代表性的这样一堆石器。值得注意的是，这些石器中除了有加工得很好的红铜时代的碧玉和燧石箭头，还有一些打制过的粗糙尖石块，以及一个带凸纹的小"刀刃"。这个"刀刃"与在罗布沙漠的风蚀地面上发现的大量遗物完全属于同一类型。在旧石器时代的遗物中人们见过这样的"刀刃"，说明新石器时代也有这样的东西。但在同一块地面上，就在这些古老的遗物旁边，我们发现了看起来很现代的上了釉的陶器碎片。再过几个世纪后，假如赫尔曼德河的河道永久地改到现在这块已经成了沙漠的三角洲上来，那么这些遗物就会被冲积物覆盖住。那时，某位考古学家如果发现了这样混杂在一起的"遗物层"，他必定会大惑不解的！

另一个出现史前遗物的地方是个重要遗址。它的位置更远，已经接近了古代三角洲的最北端。在霍兹达尔东北，砾石高原陡峭的边缘弯曲过来，围住了一片大水湾，哈木恩湖有时能泛滥到这片大水湾中。这个古代湖滨的西南端是支离破碎的，形成了岬角和岛屿一般的孤立台地。在一个岬角顶上，延伸着一条覆盖着碎屑的区域，人们称之为沙伊索克赫塔（即被焚的城）。它离霍兹达尔的直线距离约有7英里。在哈木恩湖每年都泛滥的时候，南边车马道的路线就离它很近，所以路人都很熟悉这个地方。沙伊索克赫塔遗址从东北朝西南延伸了约800码，最宽的地方大约有400码。遗址所在的高原朝外突出的部分比南面的光秃秃的平坦土地高35~40英尺，那块平地是以前哈木恩湖的一个延伸部分。过了高原突出部分的脚下后，地面上有一片轮廓清晰的洼地，可能是以前某个时期比亚班河的一条支流的河床。在高原突出部分的头部附近，一条更窄的河床从洼地上岔出来，并折向西北，把高原的突出部分同广大的高原隔开了。高原的突出部分上覆盖着碎石，并布满了流水冲刷出来的小沟。小沟两侧以及高地坡上，一直到小高原的脚下，到处是为数极多的陶器碎片。可以判断，以前高地顶部覆盖着碎屑的区域比现在要大。即便从今天的状况看，也能看出这里曾是一个比先前说过的任何史前遗址都大得多的古代居民点。尽管没有任何建筑遗存保留下来，但它是完全配得上"城"的称呼的。

那里的陶器碎片足足可以装满几个车皮。它们都是没有上釉的红铜时代的碎片，有的无花纹，有的绘着图案。我们还发现了石杯子、石碗碎片，主要是用雪花石膏制成的，显然都是旋出来的。我们还发现了石珠子、用打火石做的印戳、小青铜碎片等。长时间探寻之后，我没有发现一块上釉的陶器碎片。我想，这足以证明，这个遗址在红铜时代被废弃后就再也没有人住过。我们在六七处地方朝下挖了挖，观察到了一些比较有启发性的现象。在陶器碎片层和细小的砾石层下，一律是一层疏松柔软的分解土壤。土壤一般有点发红，好像被火烧过，因此这里才被称为沙伊索克赫塔（即被焚的城）。土壤中经常掺杂着碎骨。在几个地方，我还闻到了腐烂的动物或植物的味道。挖到12~18英寸深的时候，我们就挖到了极为坚硬的土壤（或称为西尔），赫尔曼德河南边的高原底下好像到处有这样的土。

在我看来，对此能给出的最好的解释就是人类曾长期居住在这里，使得这块岛屿般的高地顶上覆盖了厚厚的一层文化层。这层遗物主要是由分解的泥墙、土坯、厨房垃圾和其他垃圾构成的。其中好像还夹杂着细沙，细沙是锡斯坦的北风吹起来的冲积物中的颗粒或风蚀土壤中的颗粒，这些细沙被像黄土一样阻滞在人居住的地面上。自从遗址被废弃后，风蚀作用就在这里发挥着威力，逐渐使所有比较柔软的东西都破碎掉，并被刮走了。当原来疏松的土壤被逐渐吹走的时候，土壤中的陶器碎片和其他硬碎片、土坯和泥墙中含有的砾石就越来越下沉，最后都厚厚地堆积在地表。一旦这一过程完成之后，不同时期的文化层的硬沉积物就形成了一个"壳"，保护着地表，使其不再受到风蚀作用的侵害，或至少大大延缓了风蚀作用的进程。显然，要使上述这个过程得以发生，有一个必要条件，那就是地面上必须长期有人居住。意识到这一点后我们就会明白，如今在这里以及其他史前遗址的地表发现的陶器碎片，很可能是延续了几个世纪的制陶工艺的产物。沙漠三角洲中的这些陶器碎片以及其他个别小物件，都有助于我们体会到，这里的红铜文化不仅时间持久，而且发展到了一个很高的水平。

　　显然，在上面考察过的这些史前遗址中，要想获得一些关于那里的居民以及他们居住的大致年代的线索，只能依靠经受了毁灭性的风蚀作用后保留下来的遗物。在这些遗物中，陶器碎片是数量最多也最能给人启发的。安德鲁斯先生对锡斯坦遗址的陶器碎片的材料、形状、装饰图案进行了详细的分析。安德鲁斯先生先前还讨论了这些史前遗址的彩绘陶器。他充分注意到，这些陶器无疑很像最近在欧洲和亚洲不少地方发现的红铜文化的陶器，因此具有重要价值。帕西瓦尔·亚茨博士对此曾发表过一段虽然短却很有启发性的文字，说的是安特生博士在河南和甘肃发现的重要的大面积红铜文化遗址。在那段文字中，亚茨博士也强调了这种相似性。霍普森先生分析了我们发现的锡斯坦陶器碎片，其中有一段简短却含义丰富的文字，说到了和这些碎片的图案十分接近的彩绘陶器的分布地区是如何之广。如今能看出，这一地区从中亚开始，经过俾路支、波斯、美索不达米亚地区和近东的其他地区，一直延伸到了俄国南部、特兰西瓦尼亚、塞萨利（希腊东部的一个地区——译者）。

在锡斯坦发现的彩绘陶器，与欧亚大陆其他遥远地区的类似陶器究竟在哪些地方比较接近，对此我还无力详细讨论。而且，即便我如今手头有为数众多的资料，我也无法说出关于红铜文化的起源、传播和年代界限，这类陶器大体提供了什么线索。但读者应该注意这样一个事实：从地理上看，锡斯坦的陶器把一样的（或很接近的）史前文化地区联系了起来。如果没有锡斯坦，那些地区相距得就太遥远了。我的意思是说，锡斯坦西边是苏萨（两河流域奴隶制国家埃兰的古城，波斯帝国首都，遗址在今伊朗西南部胡泽斯坦省——译者），西北是阿瑙，东南是俾路支遗址和印度河下游河谷。这些地方都有与这里很接近的史前文明的遗物。

如今人们已证明，在巴基斯坦信德省的摩亨佐达罗、旁遮普南部的哈拉帕、俾路支的纳尔发现的一些遗址的文化，在很多方面既像两河流域和苏萨在苏美尔人时代之前的遗址，又像外里海阿瑙地区的早期文物层。我们还不知道造成这种相似性的原因，是民族的迁徙、征服，还是和平环境下的交往。但可以肯定的是，大自然给上述这些活动提供的道路经过了锡斯坦。看一下地图我们就会知道，现在的赫尔曼德河三角洲大体上位于阿瑙和摩亨佐达罗之间的中点上，从纳斯拉塔巴德到阿瑙的直线距离是500英里多一点，比到摩亨佐达罗的距离少几英里。锡斯坦的史前陶器碎片在形状、工艺和彩绘图案上，和普姆白利探险队从阿瑙的坟墩遗址的古代遗物中发现的陶器特别接近。安德鲁斯先生已经完全意识到了这一点。在这两个地点出土的石器和青铜碎片大体上来说也很相似，也证实了两地的联系。但我们要记住的是，在锡斯坦是无法确定任何遗物的地层学先后顺序的。

　　地理条件使得锡斯坦和现在的信德省、英属俾路支斯坦之间存在着密切联系，这种联系一直延续到了今天。于是我们猜想，在赫尔曼德河南部三角洲出土的红铜文化遗物，与现在正在摩亨佐达罗和哈拉帕遗址发掘出来的遗物之间，一定也有同样的联系，甚至比锡斯坦与阿瑙遗物之间的联系更密切。摩亨佐达罗和哈拉帕引人注目的发掘结果现在只出版了一部分，在此只能简单提一下。但我们已经可以看出，那里的彩绘陶器和锡斯坦的陶器是十分接近的。在印度河河谷发掘出的遗物更是如此。在那里，约翰·马歇尔爵士和他那些来自印度考古队的助手，正在系统地发掘大面积的建筑遗存，那些建筑是由一个文明留下的。从这个文明的印戳和其他遗物看，我们可以断定它是和两河流域苏美尔时代之前的文明同时的。现在，我们要想大体确定锡斯坦史前遗址的年代，主要就得依靠在印度方面的这些发掘的结果了。

第三节　一条古代边境线遗址

在南部三角洲，我已经发现了一些要塞，标明了一条古代边境线的遗迹。因此，在说这条边境线之前，我就没有必要再说一遍这一地区的大致状况了。让我们先从醒目的遗址 R.R.IV 即查卡堡说起，它第一次把我的注意力吸引到了这条长城般的边境线上，它大概是比亚班河河口以北的那段边境线的中心。

从图113、114中可以看出，这处要塞特别坚固，仍有25英尺高。从图119中看得出它大致呈正方形，墙是南北走向和东西走向的，从外面量正方形的边长有60英尺。为了加固正方形的四角，又添筑了不足10英尺的小塔，这些小塔如今几乎已经完全坍毁。要塞里面有两层，但我们只能推测出底下那一层的结构。这一层有三个带拱顶的房间。要想到这三个房间去，得分别通过沿南墙分布的三个小房间，大门就开在南墙上。但南面小房间之间的界墙朽坏得太严重了，我们无法进行精确的测量。R.R.V 遗址的结构与此极为相似。根据在 R.R.V 发现的情况，我们在 R.R.IV 东南角也发现了到第二层去的台阶的痕迹。要塞内部的墙的厚度从3英尺到4英尺不等，而围墙足足有7英尺厚。第一层每个带拱顶的房间北面都有个窄观察孔。在其他地方，除大门外，围墙都很结实，说明这个建筑是个防御工事。上层的房间好像有窗子（图

114），可能是人们居住的地方，而底下可能是储存东西用的。

　　大厅和小房间中残留下来的拱顶的拱，和加加沙的拱属于同一类型，都是把大土坯沿长边竖放。在围墙上离地面13英尺以下的部分，土坯的放置方式是我在以前的任何遗址都没有见过的：土坯是竖放的，短边朝外。有趣的是，在这里以及边境线上的其他要塞，制作得很好的大土坯中都含有不少秸秆（像是麦秆）。这说明，不论土坯实际上是在哪里制造的，制造点离农田都不太远。拱的样式和土坯的尺寸都说明，这是个很古老的建筑。从它的结构和坚固的围墙来看，它的用途无疑是防御。在大门所在的南面，还有一堵较小的外围墙的痕迹，也证实了这一点。从图113中可以看出，这道外围墙已经朽坏得太厉害了，无法进行精确的测量。前面已经说过，遗址坐落在地面上的一座矮丘上，地表的砾石保护了遗址。因此，尽管这个遗址很古老，但墙角被风蚀作用挖削过的地方都没有被挖到超过2~3英尺深。

　　遗址 R.R.V（图115）坐落在查卡堡北边约3英里的地方，也位于同一条晚期水渠的边上。这条水渠也经过了查卡堡，朝霍兹达尔和马吉延伸过去。R.R.V 遗址在所有建筑细节方面都很接近 R.R.IV。因此，尽管它并不恰好在边境线上，而是在边境线上最近的要塞 R.R.XVII 后面约1.5英里远的地方，我们还是要描述一下它。从建筑和位置来看，它也是边境线防御体系的一部分，很可能是为了加倍地保护某一条穿过边境线的大路的。从图119中可以看出，它的建筑结构和 R.R.IV 一样，只不过小了点。从外面测量，它有48英尺见方，四角用圆塔加固，如今圆塔已经朽坏得很严重了。围墙厚约4英尺，还有一道小门引到东南角的那间屋子里。在那里仍可以分辨出一条旋转的台阶，通向顶层。顶层只残留下一点。底层的房间除东南角的那间外，也都被碎石深埋了。土坯特别坚硬，里面只有一点秸秆，有的甚至没有秸秆。土坯中嵌有史前陶器碎片，说明制坯的地方可能就在一个布满碎石的史前遗址，或是离这样的遗址很近。墙上7英尺高以下的地方，土坯都是竖放的，再往上就是横放的了。这个遗址仍高达21英尺，脚下只受了一点风蚀作用的影响。

现在让我们把目光从 R.R.V 转到那一系列要塞遗址所构成的边境线上去。先来说朝西北的哈木恩湖边上延伸过去的那一段边境线。在离 R.R.IV 约1.75英里的地方，我们遇到了一处很重要的防御要塞（R.R.XVII），坐落在一块覆盖着砾石的低矮高地上。它包括一处朽坏得很严重的要塞（图120，要塞大致有60英尺见方，在图119中标作 A），还包括营房遗址 B，在 A 的东南角外还有一圈大围墙。所有这些建筑都是东西、南北走向的。要塞里面塞了很多碎石，只能在几个地方费力地辨认出把各个房间隔开的墙。但可以肯定的是，它的结构和前面所说的那几处要塞是一样的，只不过底层好像有四个带拱顶的房间，而不是常见的三个。要塞的围墙有5英尺厚，入口开在南墙上。土坯都比较大，和外面的营房中所用的土坯基本上一样。东南角已看不出形状的土坯堆仍比外面倾斜的地面高14英尺。后来的清理证明，在入口附近，原来的地面上覆盖了9英尺多高的碎石和沙子。

当我在1915年12月27日第一次查看 R.R.XVII 时，南边地面上发灰的砾石中露出了几条发白的土，引起了我的注意。仔细查看后我很快发现，它们是一座低矮土丘的顶部。原来要塞南面有外围墙围住了一块大区域，北面的围墙也围住一块小区域，如今这些围墙都已经变成了这样的土丘，风蚀作用以及偶尔下的雨使围墙朽掉了。在几个地方发掘过之后，我们发现这道围墙原来可能有4英尺厚。南面被围住的地方长约596英尺，宽约536英尺。北墙经过了离要塞外的营房 B 很近的地方。要塞北边被围住的地方东西也是长596英尺，但从图119中可以看出，它的宽度只有202英尺。后来我们的发掘证明，有一堵约5英尺厚的墙，把两个被围区域之间的墙与要塞的西墙连了起来。这堵墙和要塞东南角外的营房 B 一起，形成了一个外院（C），然后才能进入要塞 A 的大门。在北面那个被围区域的西南角，我发现地表有墙的迹象。后来的发掘表明，这一角原来曾有个小屋子 D，能清晰地辨认出它的北面和东边都有入口。可见，守卫北边那个被围区域的东墙和北墙的人，可能就栖身在这个小屋子里。

要塞 R.R.XVII 外面有大围墙，旁边还有营房，这表明它是防卫线上一处特别重要的要塞。于是，一个月后，在我离开锡斯坦之前，我带着几个民工又回到了这里，想进行简单的试掘。要塞 A 里面塞满了坚硬的碎土坯，发掘起来很困难。但除了清理出最东边那个带拱顶的房间，我们还将南墙大致清理了出来，证明入

图120　要塞 R.R.XVII 外面的营房，挖掘后

口在南墙中央。我们在这面墙外挖了一条沟，使墙脚下露出9英尺多。挖掉的部分最顶上一层是硬土，即掉落下来的碎土坯。在建筑背风的这一侧的碎土坯下堆积了细沙。在细沙层中，我们在

入口外面发现了一层垃圾层。这正是我意料之中的事。从颜色和气味上很容易就能辨认出这是垃圾。但除了腐烂的毛织品，垃圾中的东西都已经烂掉了。在这些没有受到保护的垃圾层上，不可

能像在敦煌长城上那样发现有纪年的文书，这是很不幸的事。锡斯坦尽管处处看起来都很干旱，但年降水量一般有2英寸，所以气候还不够"干旱"，无法保存下对考古研究来说很有价值的遗物。[1]

营房群 B 位于要塞东南角外，目前，营房的残墙和斜坡的砾石表面是平齐的。我们发掘了这个区域的西北角，因为那里是最高的（图120）。我们发现，营房里面堆积了疏松的沙子，保护了约5英尺高的残墙，使其不被风磨蚀和刮走。之后上方形成了一个砾石层，制止了风的进一步侵蚀。古人在废弃这里的时候或那之后，曾彻底清理过营房。在图119的房间 i 中，我们发现了两个供人坐的小平台，一个平台旁边有个灶，灶上一口大锅的底部嵌在变硬的黏土中。另一间屋子 ii 也有一个供人坐或睡觉的平台和两个灶。有一个灶比较有趣（即 a，见图120），位于南墙的一个凹陷之中。这个灶上有一个陶罐，嵌在土中，以便烘烤不发面的面包（也叫查帕提斯）。这种做法如今在印度一些地方仍有人用。东北角是一个与此类似的灶（b），但更大，已经破碎了。清理了这两个房间后，我们只发现了无花纹的粗陶碎片、几块小青铜片和几块绵羊骨。陶器碎片都是用淘洗得不好的红色或发白的黏土制成的。R.R.XVII 的围墙附近和里面就有这样的土，在其他要塞的碎石中或要塞外面也发现了这样的土。

1　1916年1月28—29日，我在此停留期间，下了不少雨，沙漠平原上的浅沟中都积了一层水（图120的远景），所以我们的用水就不成问题了。

R.R.XVII 的大围墙表明，以前这里曾是防卫线上一座小堡垒，或是某段边境线的"总部"。东边的古代中国长城线的围墙就有这样的用意。值得注意的是，就在这一点附近，我们发现了 R.R.V，也就是一处收缩在边境线后面的要塞（在边境线上，这样位置的要塞只有这一处），它好像是为了支持这座堡垒。这两个遗址之间的距离约1.5英里。看一下地图我们就知道，要塞遗址所构成的边境线在 R.R.IV 那一点朝西突了出来。要塞 R.R.IV 的视野特别开阔，西北可以一直望到昆达尔和阿克忽尔伊鲁斯塔木，东南可以望到要塞 R.R.XIII。总体来说，可以肯定的是，从现在的波斯—阿富汗边界一直到哈木恩湖边上，沿着整个边境线传递视觉信号都非常容易。

沿这条边境线朝东北走，就来到了要塞 R.R.XVI。这处要塞朽坏得很厉害，但仍可以辨认出它里面有三个长房间，从北朝南伸展。顶部露出来的土坯中含有很多秸秆。地面上有大量史前陶器碎片，土坯中也嵌了很多这样的碎片。在遗址附近，我们发现有上了绿釉的碎片，可能是遗址有人驻守的那一时期遗留下来的。朝西北再走1.5英里，我们就到了要塞遗址 R.R.XVIII。它虽然朽坏得很厉害，但仍可以分辨出底层三个带拱顶的房间，南边的入口两侧有两个小房间（和 R.R.V 一样），角上还残留着小塔。东墙上的土坯是竖放的，规格与 R.R.IV、V 一样。在西墙脚下发现的碎屑中，我们捡到了一枚已经折断的三角形箭头，形状像在罗布沙漠发现的箭头。

在要塞 R.R.XVIII，朝西北看不到什么遗址。但当我们朝西北方，向昆达尔南边的那些分散的低矮台地走并穿过了车马道后，就来到了土丘 R.R.XIX。它与 R.R.XVIII 之间的直线距离是 3 英里。能很清楚地分辨出这是 R.R.V 那种类型的常见要塞，但可能比 R.R.V 要小些。它的东南角仍比平地高 12 英尺。土丘较低的部分露出一层层大土坯，和前面说到的那些遗址的土坯差不多。由于我们逐渐接近了每年都会被哈木恩湖水泛滥到的地面，故土壤越来越多地受到了盐霜的影响。所以，假如哈木恩边上还有一处要塞，那么它受到的水汽的影响则会更严重。在哈木恩湖那座方向我们望不到什么要塞遗址，只是在查伊里加瓦克水井附近有两座看起来很现代的圆顶坟墓。于是，过了 R.R.XIX 之后，我没有再进行查找。但我的考察足以说明，不论 R.R.XIX 是不是西侧的最后一处要塞，古代防卫线的西翼就在哈木恩沼泽边上。另一方面，R.R.XIX 离 R.R.XVIII 很远。而我们在从 R.R.XVIII 到 R.R.XIX 的途中，由于没有明确的路标，必然绕得比较远。这途中我们很可能错过了一处要塞。在 R.R.XIX，我们确实在 R.R.XVIII 方向看到了一座小丘。但在天黑之前我们必须找到营地（我已经先派人到霍兹达尔之外的阿西克水井去扎营了），所以我们无法查看一下那座小丘。我本来想后来再去看看，却未能做到，因为我一个月后回到南部三角洲时走的路线太靠东了。

现在让我们折回去，看一看要塞连成的边境线朝 R.R.IV 东南是怎样延伸的。过了 R.IV 后，我们朝东—南东方向走了 0.5 英里多一点，来到了另一处要塞（R.R.IV.a）。它已经朽坏成了一座几乎分辨不出原来形状的小丘。有几处地方仍能辨认出外围墙，外围墙围成了一个边长大约64英尺的正方形。丘顶上有几条南北走向的小谷，那就是底层的圆顶的位置，后来圆顶塌陷了。还可以辨认出南边的入口的位置。在丘顶上和周围，我们发现了一些粗糙的没有装饰的陶器碎片，不是红铜时代的那种，但在其他要塞上也发现过这种碎片。R.R.IV.a 也靠近那条古代水渠的右岸，那条水渠在下游经过了 R.R.IV。这两处要塞位置这么近，是不是为了更好地监视被水渠挡住的地方呢？

R.R.IV.a 东边约1.25英里的地方，矗立着 R.R.XII 遗址（图117、119）。前面我曾提到过它，它坐落在一块台地顶上，台地上分布着很多史前的陶器碎片。由于遗址朽坏得很严重，所以图119中的测量数据只是约数。它显然是常见的那种结构，底下也有三间带圆顶的房间。但它比 R.R.IV 要小。在图117中可以看到其中一个房间的葱形穹顶，右边是入口的位置。下一处要塞 R.R.XII.a 位于 R.R.XII 南—南东方向1英里多的地方，朽坏得更厉害，只比地面高6~7英尺。显然，它和 R.R.XII 一样，也是比较小的那种要塞。在下一处要塞 R.R.XIII，我们就又遇到了约64英尺见方的那种大要塞。它在 R.R.XII.a 正南约1.25英里的地方，朽坏得也比较严重，但南边的外墙仍高达10英尺。

要塞 R.R.XIV 在 R.R.XIII 西南约0.5英里的地方，比其余的要塞都大（图119），内部结构也有所不同。要塞里面中间形成了一条水道，所以里面受到了很大损坏。围墙从外面量长77英尺，宽54英尺。围墙四角都用小塔进行加固，东墙上还伸出第五座塔。南面好像也有某种伸出的部分，可能是为了保护南边的入口。东南角还可以分辨出另一个入口，入口上方有个带尖的圆顶。北面中央的那个房间上也残留着一部分这样的圆顶，圆顶的跨度大约有15英尺。东墙和南墙上露出的土坯是竖放的，长边朝上，土坯掺杂有不少秸秆。东墙仍高15英尺多。春天有植被的那几个星期里，在这附近放牧的人把这里当作歇脚的地方，他们的羊群留下的粪便就证明了这一点。这也可以解释，为什么我在这里注意到了看起来是近代的上釉的陶器碎片。这个遗址东—南东方向约0.5英里的地方有个用夯土筑成的小建筑，里面包括三个房间。它也建得比较晚，大概可以上溯到比亚班河河口附近有人耕种的最后那段时期。

R.R.XIV 正南不到1.5英里的地方，有一处比较小的要塞（R.R.XX），里面也是典型的带拱顶的房间（图119）。它坐落在一片宽阔的长满了灌木的洼地右岸，这片洼地源自比亚班河河口。一个世纪以前，这片洼地中的水渠把水带到了马吉和霍兹达尔，我们在 R.R.IV、V 就注意到了这条水渠。入口左侧的小房间 i 里面塞着颓墙的碎屑，但不像别的房间那么多。我在另一条古代水渠边上待了两天，那里离地图上标作亚克拱拜孜的地方不远。利用这两天时间，我让人清理了这个房间。在房间里，我们发现了一个环绕在屋子三面的平台（是供人坐的，图121和图119中的详

图121　要塞 R.R.XX 遗址入口处清理出的屋子

细描绘图），平台底下是条火炕般的通道，显然是为了给屋子供暖。在朝向入口的开口 A 和 B，灰泥曾经煅烧过。整个平台都特别像中国房屋里的炕。屋子地面上铺了土坯，地面比入口过道的地面高2英尺，平台又比屋子的地面高1英尺10英寸。开口 A 上方是用土坯筑成的抬高的凳子般的地方，"凳子"上有个小凹陷处，也许是用来烧水等用的。在 A 这个火炕的开口处里面，有几堆土块，每堆约2.5英寸高，形状像金字塔一般。它们也许在被烧过后作织机上的重垂物。

在宽洼地的另一侧，离 R.R.XX 西—南西方向约400码的地方，我们发现了一个属于同一类型的严重朽坏的遗址（R.R.XXI）。它的南墙最容易分辨出来，约有40英尺长。这个建筑显然受到了水汽的侵蚀。从 R.R.XII 开始，我们发现的要塞都大致在正南方向，我自然也就往这个方向寻找边境线继续延伸的部分。但在 R.R.XXI，我们到达了比亚班河三角洲的北界，边境线似乎也到头了。迄今为止，从一个遗址一直可以望到下一个遗址，这给我们指引了方向。我从 R.R.XXI 这最后一点向南进行了仔细的勘察，依次越过了四条古代河床（它们都是从营地附近那一点岔出来的），离以柱子为标志的波斯—阿富汗国界很近了。干河床之间覆盖着河砾石的低矮高原极为平坦，雨后的空气也极为明净。尽管如此，在足足5英里的距离内，我们却没有再发现任何建筑遗存或史前遗物。在从北面穿过的第二条河床里，有一座小建筑，附近还有上了釉的陶器碎片。由此看来，它属于伊斯兰时期晚期，与亚克拱拜孜以及它西南和北边的伊斯兰墓葬属于同一时期。

但当我们过了第四条也就是最后一条河床（人们称之为哈达里河口）后，我们很快又看到了东—南东方向由要塞遗址连成的一条线。这条线是从国界线上的第16号柱子开始的，地图上标出了这根柱子。第一个遗址 R.R.XXII 就在国界那一边的阿富汗境内，我毫不犹豫就决定暂时"侵入"阿富汗境内一会儿。这个遗址朽坏得很厉害，但大致测量之后我就看出，它和下面的两个遗址一样都是建得很结实的小要塞或塔，和即将说到的 R.R.XXV 大小一样，也属于同一类型。它建在一块风蚀台地上（以下的要塞也是如此），在台地上可以看到红铜时代的遗物。只过了 0.25 英里之后，又是一处保存较好的要塞 R.R.XXIII。过了 0.67 英里后的 R.R.XXIV 又是一个朽坏得很厉害的遗址。又过了 0.5 英里后，我们到了遗址 R.R.XXV（图 122），它的结构和建筑形式仍能清晰地分辨出来（图 119）。

R.R.XXV 仍高 10 英尺多，南边仍保留着带拱顶的入口。它的墙三面各有 6 英尺厚，第四面 9 英尺厚。在墙里面只有一个房间，长 16 英尺，宽 8.5 英尺。房间上方的拱顶以及入口的土坯都制作得很好，沿长边竖放，土坯长 42 英寸，宽 6 英寸。西墙特别厚，墙上留出了一段 3 英尺宽的台阶，通到顶层。这个极为结实的小建筑的特点表明，它是一座可以进行防守的瞭望塔。瞭望塔建在一块风蚀台地顶上这一点，也完全与我的结论相符合。

我们可以望到，这条由瞭望塔连成的线顺着类似的孤立台地，继续朝东南延伸。但我在这里已经清楚地知道了这条线的性质，所以觉得没有必要再深入到阿富汗境内去了（我是不允许到那里去的）。我们迄今为止追踪到的古代边境线的方向清楚地说明，这条边境线位于济里盐沼的最西端。在那里，它的一翼可以安全地处于济里盐沼边上。先前我们已经看到，它的西北段就处于哈木

图122　要塞遗址 R.R.XXV，从南面看

恩湖边上。为什么在比亚班河岔出了几条河口的地方，边境线会中断了一段呢？关于这一问题，我还没有任何明确的解释。可能那里的河床在历史上曾经发生过大变动，在很大程度上改变了地表的面貌。也可能晚近的时候，在那里进行的农耕活动（对此我们是有明确证据的）抹去了早期的遗迹。

　　考虑到我匆匆查看的这一连串要塞的总体情况，我们大致可以肯定，这条边境线可以上溯到伊斯兰时期之前很久。要塞的建筑细节、土坯的尺寸，以及没有发现上釉的陶器碎片等事实，都可以证实这一点。这些要塞是按照同一"规格"建的，说明它们应该建于同一时期，遵循的是同样的布局。只有系统清理了其中一些要塞后，我们才能知道比较确切的年代。我把这些要塞和我在锡斯坦察看的其他建筑遗存比较之后，再参照着一些历史情况，觉得这条边境线大概建于公元后的最初几个世纪里。如果整个伊朗包括呼罗珊在内，都处在一个有力的统治之下（萨珊时代就是如此），就没有必要建这样一串旨在进行防御的要塞了。

　　这样一条边境线显然不是为了抵挡正规军的进攻，而只能是为了保护赫尔曼德河三角洲的农田不受游牧部落的劫掠。考虑到地理上的情况，可以肯定这条长城是朝南的。南面绵延的那片光秃秃的山区在古代一定被游牧部落占据过，因为那些部落在性质和习俗上与现在居住在那里的俾路支人及布拉灰人都是一样的（在种族上也可能如此）。直到今天，对锡斯坦的定居人口来说，布拉灰人仍是不好相处的邻居，他们在这方面的名声远播在外。居住在锡斯坦正南的波斯俾路支斯坦边境山区的布拉灰人，当统治者企图使他们屈服的时候，曾多次反抗过"沙"（意思是"王"——译者）的军队，或是"沙"手下的大封建主比尔詹德的酋长（此酋长是这些地区的首脑)的军队。[1]

关于这条防卫线的建筑年代,我们还缺乏明确的证据。所以,讨论帕提亚时期或萨珊时期锡斯坦及其周围的民族和政治状况(这些状况大概和这条边境线所表明的政策有关),就没有什么意义了。我们更没有办法从这条边境线推断出,当时被耕种的赫尔曼德河三角洲的位置究竟在哪里,范围究竟有多大。这条边境线,很像我在遥远东方的甘肃边界追踪到的中国古代长城线以及西方的罗马长城线,对此我也只能最简单地提一下。中国那条"长城线"沿中亚古道深入到了敦煌沙漠中。罗马帝国的长城线则建在阿拉伯、叙利亚和近东的其他地方,以便更好地保卫这些地区不受蛮族的劫掠。我至少可以指出一个有趣的考古学问题。锡斯坦的这条沙漠边境线,有没有可能在地理上形成中国长城线与罗马帝国长城线之间的联系呢?未来的研究工作也许会给我们一个答案的。

第四节　从锡斯坦到印度和伦敦

如果能把研究工作扩展到阿富汗境内(那里如今只有沙漠),

1　萨尔哈德的俾路支人利用战争的机会,劫掠了附近的英属俾路支斯坦,还袭击了锡斯坦—努什吉那条道,证实了他们的古老本性。印度在罗巴特·塔纳以及锡斯坦最南边的边境都派了哨卡,但仍无济于事。

我则很愿意克服春天临近时，在沙漠地区进行长期工作将面临的自然条件上的困难。亨利·麦克马洪爵士和其他的早期旅行家曾在那一地区发现了重要的遗址，它们仍有待于进行细致的考察。但我无法得到探访那一地区的许可。考虑到战争的原因，这并不太出乎我的意料。于是，在考察完古代南部三角洲处在波斯这一侧的古代边境线后，我于2月初出发回到印度去。

在科赫伊马里克西阿赫，我来到了英属俾路支斯坦最西部的边防哨，之后我便顺着锡斯坦商道走。30多年前，印度政治部的韦伯·瓦尔上校凭着一腔热忱，第一个探索了这条道。尽管这条道很有名，我仍在接近400英里的沙漠行程中注意到了一个大约有历史意义的事实。这一地区的查该事务处跨越了5个多经度，却只有5 000人，几乎都属于游牧部落。两年前，我曾在罗布地区无水的沙漠中成功地找到了已经废弃了16个世纪的早期中国商道。现在，锡斯坦商道上的交通状况很好地告诉我，从前罗布沙漠中的商道大概会是什么样子。这条近代锡斯坦商道的历史，在很多方面也很接近那条古代沙漠道。和后者一样，它也是为了扩大贸易而修的。但事易时移，如今它已经被用于政治和军事目的。

如果骑骆驼，急行15天即可走完这条道。的确，道上的大部分站点都有可供饮用的淡水井，所有的站点都有政府设的舒适的客舍，而且六七个站点还有为骆驼提供草料的很好的牧场。因此，与从楼兰往东的中国古代大路上遇到的艰难险阻相比，走这条道简直如同儿戏。而且在古代，中国早期修路者所克服的自然困难，比这条从努什吉到锡斯坦的道路在没有改造之前遇到的任何困难都严峻得多。但在这条道上，我们也绕过了寸草不生的小山，穿过了长长的砾石萨依或覆盖着沙丘的地面，遇到了荒凉的小站（图123）。古代疲惫的路人在穿过罗布沙漠往前走，经过干山脚下时，很可能就遇到过类似的景象。我在远方望到济里盐沼旁边覆盖着盐的水面时，也不由得想起了中国的大"盐泽"罗布泊。一路上，我看到了成百头死掉的骆驼。在过去的几个月里，从努什吉那个铁路的起点一直在向锡斯坦运送军用物资等，这些死骆驼就是运物资的军队留下来的。这使我更深刻地体会到，在汉朝的商队和军队使用着从敦煌到楼兰的那条道的几百年间，人们在那条难走得多的道上受了多少苦。我得知，1918年修的从努什吉到杜兹达伯的满足军事需要的铁路，将使人们不必再付出这样沉重的代价，这使我感到很欣慰。

2月21日，我到达了努什吉，从那里坐火车第一次来到了基达（在如今的巴基斯坦西部，俾路支省省会——译者）。之后，我又到了西比，这个气候寒冷的地方是总督在俾路支斯坦的代理人和首席司法、行政长官约翰·拉姆塞爵士的总部所在地。在基达，我有机会在当地的博物馆参观了亨利·麦克马洪爵士的考察队从锡斯坦带回的文物。这些文物都十分有价值，摆放得特别好，应该另文叙述。在西比，我见到了我的老朋友约翰·拉姆塞爵士，并亲自向他极为有益的帮助致谢（他的帮助大大方便了我从锡斯坦来的行程）。我还告诉他，当时这条沙漠道上靠骆驼运输会造成

图123　努什吉—锡斯坦商道上喀罗达克处的近代要塞

多么大的损失。

　　之后我在德里待了一个星期。在那期间，我再次受到了总督阁下哈丁格勋爵的亲切关怀。他的关心从一开始就陪伴着我，鼓励着我，我将永远心怀真挚的感激之情，牢记他的关怀。在德里（也就是印度的新首都），我还遇到了两位在印度的老朋友。一位是爱德华·麦克拉根爵士，当时他是英国教育部派驻印度政府的国务卿。另一位是马尔考姆·海雷（如今他已经被晋封为爵士）先生，他当时是德里的首席行政长官。这两个人在任何时候都准备对我的中亚探险给予尽可能多的官方支持。后来我在台拉登停留了一阵，那里是印度测量局的三角测量分局（如今更名为大地测量分局）的总部所在地。在那里，我得到了锡德尼·布拉德爵士上校的热情帮助，他当时是印度的首席测量员。我还得到了杰拉德·勒诺克斯—考尼恩加姆上校（如今他已经被晋封为爵士）的帮助，于是得以出版了我三次探险中获得的全部地形资料，这也就是本书所附的地图集。同时，我还设法使阿弗拉兹·古尔进入测量部工作，这样，这位能干的年轻助手就有远大前程了。他后来的表现证明，他是完全能够胜任自己的工作的。我在经过拉合尔（印度旁遮普省省会——译者）时，仓促拜访了麦克尔·奥德威爵士，当时他是旁遮普的副总督。从这位老朋友那里，我特别高兴地得知，我在测量活动中的伙伴拉伊·巴哈杜尔·拉尔·辛格由于一生中为政府作出了杰出的贡献，已经得到了一块封地。自从我在探险中熟悉了他不屈不挠的精神和毅力后，我就一直想给他谋得这样的封赏。

最后，在3月中旬之后，我来到了克什米尔，那里是我历次中亚探险的基地。大约在两年零八个月之前，我的这次探险就是从那里开始的，如今探险已经结束了。前一年的10月，我在中国境内收集到的182箱文物安全运抵了那里。在印度政府的许可下，我把这些收集品交给了我的老朋友安德鲁斯先生，由他来进行编排和仔细研究，这使我十分高兴。在大英博物馆和我合作之后，他已经被任命为克什米尔省技术学院的校长。我在前两次旅行中收集到的文物的所有研究工作，都和安德鲁斯先生密切相关。现在，我能把最新收集到的文物也托付给这位专家，更觉得十分幸运。我本想把文物暂时运到伦敦去，但由于是战时，这样做将是很不明智的。于是我就把文物都存放在斯利那加，那里的气候是十分适合保存古物的。

　　我于是漂洋过海回英国去。我打算利用在英国的时间准备一篇关于这次工作的先期报告，并完成我在第二次旅行后的那些繁重工作（以前，我还没有做完那些工作，就出发开始第三次旅行了）。我回到了英国。这之前的两年是人类历史上斗争最激烈的两年，我也为重大的变故做好了心理准备。但幸运的是，我的工作并没有受到太大的影响。印度政府和学术界的朋友们对我的学术活动的帮助和兴趣并没有消减。我第一次到达伦敦的时候，就受到了奥斯丁·张伯伦先生（张伯伦是英国保守党领袖和外交大臣，因签订《洛迦诺公约》获1925年诺贝尔和平奖——译者）的欢迎，当时他是英国的印度事务大臣。因此我受到了很大鼓舞。我在撰写本书的过程中，一直为这样的鼓励深深地感动着。